Dein Führungsstil, dein Erfolg!

Führen mit Herz & Hirn

Von derselben Autorin

Dein Wert bist du

Dein Stress, deine Regeln!

Dein Job, dein Rhythmus!

Nicole Jung

Dein Führungsstil, dein Erfolg!

Führen mit Herz & Hirn

© 2025 Nicole Jung
Verlag: BoD · Books on Demand GmbH, Überseering 33, 22297 Hamburg, bod@bod.de
Druck: Libri Plureos GmbH, Friedensallee 273, 22763 Hamburg

ISBN: 978-3-7693-2860-8

Über die Autorin

Nicole Jung weiß: Gute Führung beginnt nicht mit einem Titel, sondern mit Haltung. Führen mit Herz & Hirn – das ist ihr Motto.

Seit 2004 begleitet sie Teams in ihrer Entwicklung, seit 2009 bringt sie ihre Führungserfahrung im HR-Management ein. Ihre Expertise als Generalistin reicht von operativer Personalführung bis hin zur strategischen Organisationsentwicklung.

Als Mentorin, Beraterin und Impulsgeberin unterstützt sie Führungspersönlichkeiten auf ihrem individuellen Weg – mit Herz, Klarheit und einem feinen Gespür für zwischenmenschliche Dynamiken.

Sie steht für eine Führungskultur, die auf Vertrauen, Empathie und Authentizität basiert – nicht auf Druck, Kontrolle oder starre Hierarchien.

Mit Leidenschaft für Teamentwicklung, Kommunikation und das Potenzial jedes Einzelnen vermittelt sie praxisnahe Impulse für eine moderne, menschliche Führung.
In *Dein Führungsstil, dein Erfolg!* teilt sie ihre Erkenntnisse, Methoden und Strategien für ein Leadership, das inspiriert – und Menschen nicht nur leitet, sondern bewegt.

„Führung beginnt dort, wo Vertrauen entsteht und Menschen ihr Bestes entfalten dürfen!"
- **Nicole Jung**

Inhalt

Kapitel 4: Sympathie in der Teamführung

- Was Sympathie ausmacht
- Psychologische Grundlagen – die unterschätzte Kraft der Führung
- Führungskraft mit Sympathie – Wirkung im Team
- Führungsalltag: Sympathie als Basis für ein produktives Arbeitsumfeld

Kapitel 5: Authentizität – Führen als dein wahres Selbst

- Warum Authentizität essenziell ist
- Mut zur Echtheit in der Führung
- Authentizität und Glaubwürdigkeit aufbauen

Kapitel 6: Team Building – Erfolgreiche Zusammenarbeit gestalten

- Vertrauen und Kommunikation stärken
- Kommunikationstypen
- Effektive Teambuilding-Aktivitäten
- Konflikte früh erkennen und lösen
- Probleme mit Vorgesetzten und Teamleitern
- Empathische Moderation von Konflikten
-

Kapitel 7: Teamstärkung – Wachstum und Motivation fördern

- Einzelne fördern und das Team stärken
- Mentoring und Coaching nutzen – Übungen
- Wertschätzung als Motivator, Starkes Team – starke Führung

Kapitel 8: Das Zusammenspiel: Empathie, Charisma, Authentizität

- Der ideale Führungsstil -> ACE
- Vertrauen und Loyalität im Team aufbauen, Führungsqualitäten

Kapitel 9: Die Balance finden – Führung mit Herz und Verstand

- Emotionale Intelligenz trifft auf Klarheit
- Balance im Alltag
- Entscheidungen empathisch und strategisch treffen
- Die stille Stärke

Kapitel 10: Erfolgsstrategien und Fallbeispiele

- Praxisbeispiele empathischer und charismatischer Führung
- Führung beginnt im Alltag – nicht im Lehrbuch
- Erfolgsstrategien aus der Praxis

Kapitel 11: Kontinuierliche Weiterentwicklung als Führungskraft

- Deinen Führungsstil stetig verbessern
- Feedback als Wachstumswerkzeug

Kapitel 12: Zusammenarbeit unter Führungskräften

- Netzwerke aufbauen und voneinander lernen
- Umgang mit unterschiedlichen Führungsstilen
- Feedback für und unter Führungskräften

Kapitel 13: Dein Führungsstil – Dein Erfolg

- Warum dein individueller Stil dein größter Erfolgsfaktor ist
- Authentische Führung als Schlüssel zur Teamentwicklung
- Tipps für langfristigen Erfolg

Kapitel 14: Schwierige Mitarbeitertypen souverän führen

- Alltagssituationen souverän meistern
- Checkliste „Umgang mit schwierigen Mitarbeiter:innen"
- Konflikte Praxisdialog
- Teamrollen und Teamdynamik verstehen
- Führungswechsel – ein sensibler Prozess

BONUSKAPITEL: Mehr Gehalt – Klare Führung in sensiblen Momenten und den WERT erkennen, bevor es zu spät ist!

Kapitel 15: Erste Hilfe für Führungskräfte

- Überblick behalten in schwierigen Situationen
- Stressbewältigung und Resilienz aufbauen
- Krisenkommunikation und Motivation aufrechterhalten

Fazit: Dein einzigartiger Führungsstil als Schlüssel zum Erfolg

- Führung weiterentwickeln
- Einfluss deines Stils auf die Zukunft deines Unternehmens

Dank& Ausblick

- Buchempfehlungen, inspirierende Podcasts, Tools & Apps

Vorwort

Führung ist kein starrer Plan, kein starres Konzept.

Führung ist lebendig. Sie ist geprägt von deiner Persönlichkeit deiner Haltung und deinem Mut, neue Wege zu gehen. In einer Welt voller Veränderungen gewinnt nicht der Lauteste oder Härteste – sondern derjenige, der versteht, verbindet und inspiriert!

Deine Führung ist einzigartig.
Dein Führungsstil entscheidet über Vertrauen, Wachstum und echten Erfolg.

Führung verändert sich.
In einer Welt, die immer schneller, komplexer und vernetzter wird, reicht es längst nicht mehr aus, bloß Aufgaben zu delegieren oder Anweisungen zu geben. Führung bedeutet heute, Menschen zu verstehen, zu inspirieren und gemeinsam zu wachsen.

Dieses Buch ist eine Einladung, deinen eigenen Führungsstil bewusster zu entdecken, zu formen und stetig weiterzuentwickeln. Es geht nicht darum, ein Ideal zu erfüllen oder perfekte Antworten zu liefern. Es geht darum, deine ganz persönliche Art zu führen zu finden – mit Empathie, mit Charisma und vor allem mit Authentizität.

Denn nachhaltiger Erfolg beginnt nicht mit Kontrolle, sondern mit Vertrauen. Nicht mit starren Methoden, sondern mit echter Verbindung. Nicht mit dem Wunsch, andere zu steuern, sondern mit der Bereitschaft, selbst vorzuleben, was man erwartet.

Du wirst in diesem Buch praktische Impulse finden, reflektierende Fragen, konkrete Strategien und echte Fallbeispiele aus dem Führungsalltag. Sie sollen dich dabei unterstützen, ein Umfeld zu gestalten, in dem Menschen wachsen, Herausforderungen meistern und gemeinsam echte Erfolge erzielen.

Dein Führungsstil ist einzigartig.
Dein Erfolg beginnt dort, wo du ihm Raum gibst.

Ich wünsche dir Inspiration, Mut und Freude auf deinem Weg.

Herzlich
Nicole Jung

Führen mit Herz & Hirn

Einleitung: Dein Führungsstil – Der Schlüssel zum Erfolg

Warum dein persönlicher Führungsstil entscheidend ist

Führung ist heute mehr denn je ein individueller Prozess. Es reicht nicht aus, Managementmethoden zu beherrschen oder strikte Hierarchien zu etablieren. Der wahre Erfolg einer Führungskraft entsteht aus der Art und Weise, wie sie führt – nicht nur, was sie anordnet. Dein persönlicher Führungsstil ist dabei der unsichtbare, aber kraftvolle Motor deines Erfolgs.

Menschen folgen nicht Positionen. Sie folgen Persönlichkeiten. Sie folgen jenen, die Klarheit ausstrahlen, Vertrauen aufbauen und sie wirklich sehen. Gerade in einer Zeit des ständigen Wandels und der Unsicherheit ist ein individueller, echter Führungsstil keine Kür mehr – sondern eine Notwendigkeit.

Dieses Buch lädt dich ein, deinen eigenen Stil bewusster zu entdecken, zu entwickeln und ihn als deine wichtigste Ressource zu begreifen. Es geht darum, aus deinem Charakter, deinen Stärken und deiner Haltung eine Führungspersönlichkeit zu formen, die inspiriert, fördert und verbindet.

Alte Führungsstile vs. moderne Ansätze

Früher dominierten starre Strukturen: klare Befehlsketten, Hierarchiedenken, Kontrolle als Führungsinstrument. Erfolg wurde an Disziplin, Effizienz und Gehorsam gemessen. Doch die Welt hat sich verändert.

Heute braucht es Führung, die auf Vertrauen, Kooperation und Eigenverantwortung setzt. Mitarbeiter wollen nicht nur verwaltet, sondern gesehen und entwickelt werden. Die besten Teams entstehen dort, wo Führung auf Augenhöhe stattfindet – mit Offenheit, Empathie und echter Dialogbereitschaft.

Moderne Führung heißt, nicht mehr alles allein entscheiden zu müssen, sondern Räume zu schaffen, in denen andere wachsen können. Es bedeutet, den Wandel nicht nur zu bewältigen, sondern ihn aktiv mitzugestalten.

Zusammenspiel von Empathie, Charisma und Authentizität

Drei Eigenschaften bilden die Basis eines zeitgemäßen Führungsstils:

- **Empathie**: Die Fähigkeit, dich wirklich in andere hineinzuversetzen, ihre Bedürfnisse und Emotionen wahrzunehmen und darauf einzugehen. Empathie schafft Bindung und Vertrauen.
- **Charisma**: Die Ausstrahlung, mit der du andere berührst und begeisterst. Charisma macht deine Visionen lebendig und lässt Menschen dir aus Überzeugung folgen.
- **Authentizität**: Die Übereinstimmung zwischen dem, was du sagst, fühlst und tust. Nur wer authentisch ist, wirkt glaubwürdig und nachhaltig inspirierend.

Diese drei Kräfte wirken nicht unabhängig voneinander, sondern entfalten ihre volle Wirkung im Zusammenspiel. Sie machen dich zu einer Führungspersönlichkeit, die nicht durch Autorität, sondern durch Integrität führt.

Die Rolle von Team Building und Stärkung

Erfolgreiche Führung misst sich nicht nur am Erfolg des Einzelnen, sondern vor allem am Erfolg des Teams. Team Building ist deshalb keine Nebenaufgabe, sondern zentrale Führungsaufgabe.

Ein starkes Team entsteht durch Vertrauen, klare Kommunikation und gegenseitige Wertschätzung. Als Führungskraft bist du diejenige, die diesen Raum gestaltet. Du stärkst individuelle Potenziale und formst daraus kollektive Kraft. Du begleitest nicht nur fachlich, sondern menschlich – und machst dadurch den Unterschied.

Gute Teams entstehen nicht zufällig. Sie sind das Ergebnis bewusster, empathischer und authentischer Führung.

Dieses Buch wird dich dabei begleiten, deinen Führungsstil bewusst zu entwickeln, deine Stärken auszubauen und deine Teams zu inspirieren – für eine Führung, die wirkt und die wirklich bewegt.

Kapitel 1: Die Grundlagen deines Führungsstils

Was deinen Stil ausmacht

Führung ist keine uniforme Rolle, die jeder gleich ausfüllt. Sie ist ein Spiegel deiner inneren Haltung, deiner Erfahrungen, deiner Werte. Dein Führungsstil entsteht aus der Art, wie du denkst, fühlst und handelst – und genau deshalb ist er so individuell wie dein Fingerabdruck.

Was genau deinen Führungsstil ausmacht, zeigt sich oft in den kleinen Dingen: in deinem Umgang mit Herausforderungen, in deiner Reaktion auf Konflikte, in der Art, wie du Entscheidungen triffst oder Verantwortung delegierst. Führungsstil bedeutet nicht nur, was du tust, sondern vor allem, wie du es tust.

Dabei spielen mehrere Faktoren eine Rolle:

- Deine Kommunikation: hörst du aktiv zu oder gibst du primär Anweisungen?
- Deine Motivation: führst du über Visionen, Ziele oder klare Regeln?
- Deine Haltung gegenüber Fehlern: erlaubst du Lernräume oder forderst du Perfektion?

Dein Führungsstil prägt die Kultur deines Teams. Er bestimmt, wie sicher, motiviert und kreativ sich Menschen in deiner Umgebung fühlen. Wer sich seines eigenen Stils bewusst ist, hat ein starkes Fundament – und kann gezielt weiterentwickeln, was wirkt.

Einfluss deiner Persönlichkeit

Deine Persönlichkeit ist die Wurzel deiner Führungsweise. Charakterzüge wie Empathie, Entschlossenheit, Flexibilität oder Zielorientierung beeinflussen dein tägliches Handeln weit mehr, als es jede erlernte Technik könnte.

Bist du eher introvertiert oder extrovertiert? Reagierst du analytisch oder intuitiv? Suchst du Harmonie oder forderst du bewusst Reibung, um Entwicklung anzustoßen?
Jede dieser Eigenschaften bringt Stärken mit sich – und Herausforderungen.

Eine introvertierte Führungskraft kann durch ruhige Präsenz und tiefes Zuhören Vertrauen schaffen. Eine extrovertierte Führungskraft begeistert durch Energie und Dynamik. Wichtig ist nicht, welcher Typ du bist, sondern wie bewusst du deine Persönlichkeit in der Führung einsetzt.

Reflexion ist hier der erste Schritt: Welche Werte sind dir wichtig? Wie gehst du mit Kritik um? Wo liegen deine größten Kraftquellen – und wo deine blinden Flecken?

Je besser du dich selbst kennst, desto authentischer und wirkungsvoller wirst du führen.

Empathie, Charisma und Authentizität als Basis

Starke Führung baut auf drei zentralen Säulen: **Empathie**, **Charisma** und **Authentizität**.

- **Empathie** bedeutet, sich in die Welt der anderen hineinversetzen zu können. Nicht nur Probleme erkennen, sondern Bedürfnisse verstehen. Nicht nur Aufgaben steuern, sondern Menschen begleiten. Empathie schafft Vertrauen – und Vertrauen ist die unsichtbare Währung erfolgreicher Teams.

- **Charisma** ist die Ausstrahlung, die Menschen anzieht. Es entsteht, wenn innere Haltung und äußeres Handeln übereinstimmen. Charismatische Führungskräfte inspirieren nicht durch Worte allein, sondern durch die Kraft ihrer Überzeugung. Sie geben Orientierung, selbst wenn der Weg unklar ist.

- **Authentizität** ist die Basis, auf der alles andere ruht. Wer sich verstellt, verliert die Verbindung – zu sich selbst und zu anderen. Authentische Führung bedeutet, klar in der eigenen Haltung zu sein, auch wenn es unbequem wird. Menschen folgen nicht Positionen, sondern Persönlichkeiten.

In deinem Führungsstil sollten diese drei Qualitäten miteinander wirken. Sie sind keine fixen Eigenschaften, sondern Kompetenzen, die du entwickeln kannst: durch Reflexion, Übung und den Mut, immer wieder hinzusehen, wo du geradestehst.

Wer empathisch zuhört, charismatisch inspiriert und authentisch handelt, schafft nicht nur produktive, sondern auch erfüllende Arbeitswelten. In den weiteren Kapiteln möchte ich intensiver darauf eingehen.

Dein Führungsstil ist keine starre Maske. Er ist lebendig.
Er wächst mit dir – und mit deinem Mut, dich selbst zu führen.

Kapitel 2: Empathie als Fundament erfolgreicher Führung

Was ist Empathie in der Führung und warum ist sie wichtig

Empathie ist weit mehr als ein freundliches Lächeln oder das gelegentliche Zuhören. Empathie in der Führung bedeutet, bewusst und aktiv die Gefühle, Perspektiven und Bedürfnisse der Menschen im eigenen Team wahrzunehmen und zu verstehen. Es geht darum, nicht nur äußerliche Fakten zu registrieren, sondern die Emotionen und Motive dahinter zu erfassen.

Empathische Führung schafft Sicherheit. In einer Welt, die von Unsicherheit und schnellem Wandel geprägt ist, brauchen Teams Ankerpunkte. Wer sich gesehen und verstanden fühlt, ist bereit, sich einzubringen, Verantwortung zu übernehmen und auch in schwierigen Zeiten engagiert zu bleiben.

Empathie steigert nicht nur die Zufriedenheit und Bindung der Mitarbeitenden, sondern erhöht auch die Innovationskraft. Denn wo Vertrauen herrscht, entstehen Kreativität, Mut und Eigenverantwortung.

Empathie entwickeln: Praktische Übungen und Techniken

Empathie ist keine angeborene Gabe, sondern eine Fähigkeit, die bewusst geschult und vertieft werden kann.

Aktives Zuhören:

- Vermeide während Gesprächen Ablenkungen.
- Wiederhole in eigenen Worten, was du verstanden hast.
- Frage nach Gefühlen, nicht nur nach Fakten.

Perspektivwechsel:

- Versetze dich bewusst in die Lage deines Gegenübers.
- Frage dich: "Wie würde ich mich an seiner Stelle fühlen? Was wäre mir wichtig?"

Emotionale Selbstwahrnehmung:

- Reflektiere deine eigenen Gefühle im Führungsalltag.
- Lerne, Emotionen wahrzunehmen, ohne sie sofort zu bewerten oder zu verdrängen.

Körpersprache beachten:

- Achte auf nonverbale Signale deines Gegenübers: Körperspannung, Mimik, Tonfall.
- Oft zeigt sich Unausgesprochenes deutlicher in der Körpersprache als in Worten.

Durch bewusste Übung dieser Techniken wird Empathie zu einem natürlichen Bestandteil deines Führungsverhaltens.

Empathie in schwierigen Gesprächen und Krisenzeiten

Gerade in schwierigen Momenten zeigt sich, wie tief Empathie wirklich verankert ist. Wenn Emotionen hochkochen, Konflikte entstehen oder Unsicherheiten überwiegen, brauchst du die Fähigkeit, zuzuhören, zu deeskalieren und echten Beistand zu leisten.

In schwierigen Gesprächen hilft es:

- Ruhe zu bewahren und aktiv zuzuhören, ohne vorschnelle Urteile zu fällen.
- Die Emotionen des Gegenübers anzuerkennen: "Ich verstehe, dass Sie sich in dieser Situation belastet fühlen."
- Gemeinsam nach Lösungen zu suchen, statt Schuldige zu suchen.

In Krisenzeiten bedeutet Empathie:

- Transparenz: Ehrlich über Herausforderungen sprechen.
- Präsenz: Für das Team ansprechbar und greifbar bleiben.
- Mut machen: Ressourcen und Stärken bewusst in den Mittelpunkt rücken.

Empathie in Krisen ist keine Schwäche, sondern eine Führungsstärke. Sie schafft eine Atmosphäre, in der Menschen gemeinsam wachsen können, auch wenn die Umstände schwierig sind.

Praxisbeispiel: Ein schwieriges Mitarbeitergespräch

Situation:
Ein Teammitglied, Frau L., zeigt in den letzten Wochen deutliche Leistungseinbußen. Deadlines werden versäumt, die Stimmung ist gereizt. Die Führungskraft, Herr M., plant ein Gespräch, um die Ursachen zu verstehen – nicht um zu tadeln.

Verlauf des Gesprächs:
Herr M. eröffnet ruhig:

„Mir ist aufgefallen, dass du in letzter Zeit unter viel Druck zu stehen scheinst. Ich möchte verstehen, wie es dir geht."

Frau L. beginnt zögerlich zu berichten, dass sie familiäre Belastungen habe und sich gleichzeitig im Team überfordert fühlt.

Herr M. hört aktiv zu, spiegelt, was er hört:

„Ich höre, dass du den Spagat zwischen Privatleben und Arbeit gerade kaum schaffst und dass du dich allein fühlst."

Statt Vorwürfe zu machen, stellt er eine Lösung in Aussicht:

„Lass uns gemeinsam überlegen, wie wir deine Aufgaben neu strukturieren können. Vielleicht kann jemand temporär entlasten. Es ist okay, Unterstützung anzunehmen."

Ergebnis:
Das Gespräch schafft Vertrauen. Frau L. fühlt sich gesehen. Schon wenige Tage später stabilisiert sich ihre Arbeitsleistung. Der Dialog wurde zum Wendepunkt.

Übung: Das 3-E-Modell der empathischen Gesprächsführung

Ziel: Bewusstes Üben von Empathie in heiklen Gesprächen

Die drei E-Schritte:

1. **Erkennen**
   Beobachte die nonverbalen und verbalen Signale deines Gegenübers. Was spricht die Körpersprache? Welche Worte werden wie gewählt?
2. **Erspüren**
   Versetze dich in die Gefühlslage des anderen. Frage dich: *Wie würde ich mich an seiner/ihrer Stelle fühlen?*
3. **Erfragen**
   Stelle offene, wertschätzende Fragen:
   - *„Was belastet dich aktuell am meisten?"*
   - *„Was würde dir gerade helfen?"*
   - *„Was brauchst du von mir als Führungskraft?"*

Reflexion nach dem Gespräch:

- Was habe ich gut gemacht?
- Wo hätte ich noch empathischer reagieren können?
- Welche Signale habe ich (nicht) wahrgenommen?

Fazit:

Empathie ist nicht nur ein "Soft Skill" – sie ist das Fundament starker Führung. Wer empathisch führt, baut Vertrauen, schafft Motivation und fördert echtes Wachstum – bei anderen und bei sich selbst.

Kapitel 3: Charisma – Deine magnetische Ausstrahlung

Was Charisma ausmacht

Charisma ist diese schwer greifbare, aber sofort spürbare Qualität, die Menschen anzieht, inspiriert und ihnen Vertrauen schenkt. Es geht nicht um Lautstärke oder Rampenlicht – echtes Charisma entsteht durch innere Überzeugung, emotionale Klarheit und eine starke Präsenz. Eine charismatische Führungskraft strahlt Zuversicht aus, bleibt zugleich zugänglich und authentisch. Sie vermittelt Energie, auf die andere gerne reagieren. Charisma bedeutet, dass Menschen dir nicht nur folgen, weil sie müssen, sondern weil sie wollen.

Charisma ist keine angeborene Eigenschaft. Es kann entwickelt und gezielt kultiviert werden. Der Schlüssel liegt darin, sich selbst gut zu kennen, klar in der Kommunikation zu sein und echte Verbindung zu anderen Menschen herzustellen.

Charisma im Führungsalltag

Im Führungsalltag zeigt sich Charisma nicht nur in großen Auftritten, sondern vor allem in den kleinen Momenten. Wenn du in Meetings präsent bist und deinem Team wirklich zuhörst. Wenn du deine Vision klar und begeisternd formulierst. Oder wenn du in kritischen Situationen Ruhe, Mut und Zuversicht ausstrahlst.

Charismatische Führung bedeutet, dass du:

- Echtes Interesse an deinem Gegenüber zeigst
- Deine Werte klar lebst und kommunizierst
- In Konflikten souverän und verbindend auftrittst
- Energie gibst, statt Energie zu entziehen

Charisma hilft dir, Vertrauen aufzubauen und eine positive Dynamik in deinem Team zu schaffen. Es ermöglicht dir, Menschen emotional zu erreichen, auch wenn die Herausforderungen groß sind.

Praxisbeispiel: Charismatische Führung im Unternehmensalltag

Situation:
Ein mittelständisches Unternehmen steht vor einer grundlegenden Umstrukturierung. Das Team ist verunsichert – Gerüchte über Stellenabbau und neue Arbeitsabläufe machen die Runde. Die Stimmung ist angespannt, viele Mitarbeitende ziehen sich zurück.

Führungskraft A – Charismatische Reaktion:
Statt sich hinter verschlossenen Türen zu halten, lädt die Führungskraft alle zu einem offenen Teamgespräch ein. Sie beginnt mit einer persönlichen Ansprache:

„Ich weiß, dass viele von euch sich Sorgen machen. Und ehrlich gesagt – ich habe auch Respekt vor den Veränderungen. Aber ich verspreche euch: Wir gehen diesen Weg gemeinsam. Und ihr werdet jederzeit wissen, wo wir stehen."

Charismatische Elemente:

- **Offenheit & Verletzlichkeit:** Die Führungskraft zeigt Emotionen, statt Stärke zu inszenieren.
- **Gemeinsame Vision:** Sie erklärt klar, warum der Wandel notwendig ist – und wie jede:r Einzelne zur Zukunft beitragen kann.
- **Inspirierender Ausblick:**

  „Stellt euch vor, wir schaffen es – gemeinsam. Ein agileres Team, mehr Entscheidungsspielraum, mehr Raum für eure Ideen."

- **Persönliche Gespräche:** Nach dem Meeting spricht die Führungskraft mit einzelnen Mitarbeitenden persönlich, hört zu, nimmt Sorgen ernst – und spricht auch Zuversicht aus.

Ergebnis:
Die Stimmung im Team kippt spürbar – von Widerstand zu Mitgestaltung. Mitarbeitende berichten, dass sie sich zum ersten Mal wirklich abgeholt fühlten. Der Wandel verläuft deutlich reibungsloser als in anderen Abteilungen.

Merke:
Charismatische Führung bedeutet nicht, alles zu wissen – sondern eine Atmosphäre zu schaffen, in der andere sich sicher fühlen und folgen wollen.

Dein Team durch Inspiration motivieren

Charismatische Führung wirkt wie ein emotionaler Katalysator. Dein Team wird nicht nur motiviert durch äußere Anreize wie Ziele oder Belohnungen, sondern aus einer inneren Verbindung heraus. Sie fühlen sich durch deine Energie, deine Vision und dein authentisches Auftreten inspiriert.

Inspirierende Führung bedeutet:

- Visionen lebendig zu vermitteln
- Sinn zu stiften, nicht nur Aufgaben zu verteilen
- Vorbild zu sein in Haltung, Kommunikation und Umgang mit Herausforderungen

Indem du dein eigenes Charisma stärkst, schaffst du ein Umfeld, in dem Menschen wachsen wollen – nicht, weil sie müssen, sondern weil sie sich wirklich mit dir und der gemeinsamen Sache verbunden fühlen.

Charisma ist also kein Selbstzweck. Es ist ein mächtiges Werkzeug, um Beziehungen zu gestalten, Vertrauen aufzubauen und gemeinsam Erfolg zu ermöglichen. Und das Beste: Es beginnt bei dir – bei deiner Klarheit, deiner Haltung und deiner authentischen Präsenz.

Übung: Deine charismatische Wirkung als Führungskraft stärken

Ziel: Reflektiere, wie du im Führungsalltag wirkst – und wie du deine Ausstrahlung gezielt stärken kannst.

🔍 1. Selbstbild & Fremdbild vergleichen

Fragen zur Selbstreflexion:

- In welchen Momenten fühle ich mich authentisch, klar und präsent?
- Was schätzen andere vermutlich an meinem Führungsstil?
- Welche Eigenschaften möchte ich noch stärker zeigen?

Impulse fürs Feedbackgespräch mit anderen:

- „Wie wirke ich in Stresssituationen auf dich?"
- „Was ist typisch für meine Kommunikation als Führungskraft?"
- „In welchen Momenten empfandest du meine Haltung als besonders inspirierend?"

☞ **Tipp:** Bitte bewusst Kolleg:innen oder Teammitglieder um ehrliches Feedback. Es zeigt dir, wie deine Wirkung tatsächlich ankommt – nicht nur, wie du sie einschätzt.

🗣 2. Deine Präsenz bewusst stärken

Trainiere deine Wirkung mit dieser Übung:

Atem-Pause-Praxis (2 Minuten täglich):

- Atme bewusst tief ein und aus.
- Stell dir vor, du betrittst gleich einen Raum – und wirst gehört.
- Richte dich auf, nimm Raum ein – innerlich und äußerlich.
- Formuliere einen klaren Satz, z. B. „Ich darf führen, echt und präsent."

Diese Mini-Praxis hilft, vor schwierigen Gesprächen zentriert und charismatisch aufzutreten – mit ruhiger Energie statt reiner Reaktion.

📝 3. Charisma-Kompass: Dein Tagesimpuls

Nimm dir jeden Morgen 1 Minute Zeit:

- Welcher Wert soll heute meine Ausstrahlung leiten? (z. B. Klarheit, Ruhe, Mut)
- In welchem Moment will ich heute inspirieren?

Notiere den Wert oder Satz sichtbar auf einem Post-it.
So holst du deinen inneren Führungsanker aktiv in den Tag.

Kapitel 4: Sympathie als Teamführung – Der unterschätzte Schlüssel zum Erfolg

Was Sympathie ausmacht

Sympathie wird in der Führung oft unterschätzt. Doch sie ist ein entscheidender Faktor für Vertrauen, Bindung und Zusammenarbeit. Sympathische Führungskräfte bauen keine künstliche Autorität auf – sie gewinnen Menschen für sich. Sie schaffen eine Atmosphäre, in der sich Mitarbeitende sicher fühlen, sich einbringen können und wachsen wollen.

Sympathie bedeutet, offen, authentisch und zugewandt zu sein. Es geht nicht darum, es allen recht zu machen, sondern darum, ein Umfeld der gegenseitigen Wertschätzung zu schaffen. In einer Welt, die von schnellen Veränderungen geprägt ist, wird Sympathie zu einem stabilen Anker in der Führungsarbeit.

Sympathie – eine unterschätzte Kraft in der Psychologie der Führung

Sympathie ist kein nettes Extra – sie ist tief in unserer psychologischen Grundstruktur verankert. Als soziale Wesen treffen wir blitzschnell unbewusste Entscheidungen darüber, wem wir vertrauen, wem wir folgen – und wem nicht. In der Führungspsychologie spricht man hier vom **Sympathiefaktor als Beziehungswährung**. Wer sympathisch wirkt, löst im Gegenüber emotionale Sicherheit, Offenheit und Kooperationsbereitschaft aus.

Psychologische Grundlagen:

- **Spiegelneuronen:** Sie sorgen dafür, dass wir automatisch Emotionen anderer mitfühlen. Sympathische Menschen senden Signale aus, die als angenehm, zugewandt und vertrauenswürdig wahrgenommen werden.

- **Ähnlichkeits- und Näheeffekt:** Wir mögen Menschen, die uns in Haltung, Ausdruck oder Werten ähneln – das verstärkt die Bindung im Team.

- **Halo-Effekt:** Sympathische Personen werden häufig als insgesamt kompetenter, glaubwürdiger und sogar intelligenter wahrgenommen.

Führungskraft mit Sympathie – Wirkung im Team

Sympathie ist kein Ersatz für Fachkompetenz, aber ein entscheidender Verstärker für Führung. Sie beeinflusst:

- **Kooperationsbereitschaft:** Wer sich emotional sicher fühlt, arbeitet engagierter mit.
- **Konfliktresistenz:** Teams verzeihen mehr, wenn die Führungsperson sympathisch ist – es gibt mehr Vertrauensvorschuss.
- **Motivation:** Wertschätzung, Zugänglichkeit und Humor sind starke Motivatoren.
- **Lernkultur:** Sympathie senkt die Angst vor Fehlern – und macht Innovation wahrscheinlicher.

Kurz gesagt: Sympathie senkt soziale Barrieren, öffnet den Raum für echte Begegnung – und macht Führung menschlicher, wirksamer und nachhaltiger.

Sympathie im Führungsalltag

Im Alltag zeigt sich Sympathie in vielen kleinen Gesten: Ein echtes Interesse an den Teammitgliedern, ein aufmerksames Zuhören, ein ehrliches Lob zur richtigen Zeit. Sympathische Führung bedeutet, menschlich zu bleiben – auch unter Druck.

Sympathische Führungskräfte nutzen ihre natürliche Ausstrahlung, um Vertrauen aufzubauen. Sie zeigen Humor, bleiben nahbar und authentisch – und schaffen damit eine Umgebung, in der sich Teammitglieder nicht nur respektiert, sondern auch gesehen und verstanden fühlen.

Sympathie ist kein Gegensatz zu Professionalität.

Im Gegenteil: Sympathische Führung erhöht die Bereitschaft zur Leistung, steigert die Motivation und reduziert Konflikte, bevor sie eskalieren.

Sympathie als Basis für ein produktives Arbeitsumfeld

Ein Arbeitsumfeld, das von Sympathie und gegenseitiger Wertschätzung geprägt ist, fördert nicht nur das Wohlbefinden – es schafft echte Produktivität. Denn dort, wo Menschen sich wohlfühlen, arbeiten sie fokussierter, kreativer und kooperativer.

Positive Effekte im Team:

- **Bessere Kommunikation:** Informationen fließen offener, Missverständnisse werden schneller geklärt.
- **Mehr Engagement:** Wer sich geschätzt fühlt, bringt sich aktiver ein.
- **Geringere Fluktuation:** Sympathische Führungskräfte binden Talente langfristig ans Unternehmen.
- **Konstruktive Fehlerkultur:** In einem angenehmen Klima fällt es leichter, auch über Fehler offen zu sprechen und daraus zu lernen.

Sympathie im Führungsalltag ist also kein „weiches" Thema – sie ist ein echter Erfolgsfaktor. Sie verbindet Menschlichkeit mit Leistung und schafft die Grundlage für Teams, die gerne gemeinsam wachsen.

Dein Team/deine Mitarbeiter:innen durch Inspiration motivieren

Menschen folgen nicht Aufgabenlisten – sie folgen anderen Menschen. Eine sympathische Führungskraft inspiriert ihr Team, weil sie auf Augenhöhe kommuniziert und echte Verbindung herstellt.

Inspirierende Führung durch Sympathie bedeutet:

- Vertrauen schenken und Empathie zeigen
- Eine positive Grundhaltung ausstrahlen
- Ehrlich kommunizieren, auch in schwierigen Momenten
- Erfolge gemeinsam feiern und Wertschätzung spürbar machen

Wenn Mitarbeitende sich respektiert und gemocht fühlen, sind sie bereit, ihr volles Potenzial einzubringen. Sympathie schafft damit die emotionale Grundlage für Eigeninitiative, Engagement und Kreativität.

Sympathische Führung bedeutet, Menschen mitzunehmen – nicht durch Druck, sondern durch Beziehung. Sie erinnert daran, dass Führung nicht nur vom Kopf, sondern immer auch vom Herzen ausgeht.

Praxisbeispiel: Sympathie in Aktion

Situation:
In einem Projektteam gibt es zeitlichen Druck. Die Stimmung ist angespannt, zwei Teammitglieder sind besonders still geworden, andere wirken gereizt. Die Führungskraft bemerkt das, lädt das Team zu einem kurzen Check-in ein – ohne Agenda.

Was passiert:
Sie beginnt mit einem persönlichen Einstieg: „Ich spüre, dass der Druck gerade auf uns allen lastet – und das ist okay. Lasst uns kurz durchatmen und offen sprechen, was euch gerade beschäftigt."
Die Runde taut auf. Es wird gelacht, aber auch ehrlich angesprochen, wo Frust sitzt. Die Führungskraft hört zu, nickt, fragt nach. Keine Vorwürfe, sondern Verständnis.
Am Ende: eine kleine Umpriorisierung, ein Dankeschön für das Durchhalten und ein echter Teammoment.

Wirkung:
Das Team fühlt sich gesehen. Die Atmosphäre entspannt sich. Es entsteht Vertrauen – nicht trotz des Stresses, sondern gerade weil Raum dafür war.

Übung: Sympathie sichtbar machen – 7 Tage bewusst führen

Diese Übung hilft, Sympathie aktiv im Führungsstil zu verankern und Wirkung im Teamalltag zu beobachten.

Ziel:
Empathie, Zugewandtheit und Nahbarkeit bewusst leben – auch im kleinen Rahmen.

Ablauf:
Nimm dir für sieben Tage jeweils **eine kleine, sympathische Handlung** vor. Beispiele:

- **Montag:** Ich führe ein Gespräch, ohne mein Handy auf dem Tisch zu haben – volle Präsenz.
- **Dienstag:** Ich spreche gezielt ein Lob aus – ehrlich, konkret, zeitnah.
- **Mittwoch:** Ich frage ein stilles Teammitglied aktiv nach seiner Meinung.
- **Donnerstag:** Ich teile etwas Persönliches aus meinem Alltag (Verbindung schaffen).
- **Freitag:** Ich bedanke mich für einen kleinen, aber wertvollen Beitrag im Team.
- **Wochenende:** Reflexion: Was hat sich verändert?
- **Montag (Woche 2):** Ich frage ein Teammitglied bewusst, wie es ihm wirklich geht – jenseits der To-do-Liste.

Tipp:
Führe ein kleines Notizbuch oder eine digitale Liste. Beobachte, wie dein Team reagiert – aber auch, wie du dich dabei fühlst.

Diese Kombination aus bewusster Haltung und kleinen konkreten Handlungen wirkt nachhaltig. Denn Sympathie ist nicht nur Gefühl – sie ist Verhalten, das man jeden Tag aufs Neue zeigen kann.

Kapitel 5: Authentizität – Führen als dein wahres Selbst

Warum Authentizität essenziell ist

In einer Welt voller Veränderung und Unsicherheit suchen Menschen nach Orientierung und Vertrauen. Und nichts schafft mehr Vertrauen als Authentizität. Führungskräfte, die echt und glaubwürdig auftreten, wirken nicht nur sympathischer, sondern auch überzeugender. Authentizität ist kein Add-on – sie ist das Fundament, auf dem echte Führung basiert.

Wer als Führungskraft authentisch ist, vermittelt Beständigkeit. Mitarbeitende spüren, wenn Worte und Taten übereinstimmen. Sie merken, ob Entscheidungen ehrlich gemeint oder bloß angepasst sind. Authentizität schafft damit eine stabile Basis für nachhaltigen Erfolg – weit über kurzfristige Erfolge hinaus.

Mut zur Echtheit in der Führung

Authentisch zu führen bedeutet, den Mut zu haben, sich selbst treu zu bleiben – auch wenn äußere Erwartungen, Hierarchien oder Stress andere Reaktionen nahelegen. Es heißt, nicht nur eine perfekte Fassade zu zeigen, sondern auch Unsicherheiten, Zweifel oder Lernmomente als Teil der Führungsrolle anzunehmen.

Echtheit in der Führung erfordert:

- Sich der eigenen Werte und Überzeugungen bewusst zu sein
- Diese Werte auch dann zu vertreten, wenn es unbequem wird
- Fehler einzugestehen und daraus zu lernen
- Transparent, nachvollziehbar und menschlich zu handeln
- Haltung zu zeigen – auch bei Widerstand oder Kritik

Gerade in Zeiten der Unsicherheit brauchen Teams keine allwissenden Heldinnen und Helden, sondern Führungskräfte mit Charakter und Rückgrat. Denn: Echtheit inspiriert. Wer authentisch auftritt, gibt anderen im Team ebenfalls die Erlaubnis, ehrlich zu sein. So entsteht echte Verbindung, Vertrauen und ein Arbeitsklima, das Leistung nicht trotz, sondern wegen Menschlichkeit ermöglicht.

Praxisbeispiel: Führung mit Haltung

Situation:
Ein Unternehmen steht vor schwierigen Umstrukturierungen. Die Führungskraft weiß, dass es zu Verunsicherungen im Team kommen wird. Der Erwartungsdruck ist hoch: Alles ruhig und professionell halten.

Der Mut zur Echtheit:
Statt eine beschönigende E-Mail zu versenden, lädt die Führungskraft

das Team zu einem offenen Gespräch ein. Sie sagt:
„Ich habe diese Entscheidung nicht getroffen, aber ich trage sie mit. Und ja – sie ist schwer. Auch ich habe Fragen. Aber ich verspreche, ehrlich mit euch zu sein, auch wenn ich nicht auf alles sofort eine Antwort habe.“

Ergebnis:
Das Team fühlt sich ernst genommen. Die Atmosphäre bleibt nicht euphorisch – aber vertrauensvoll. Mitarbeitende trauen sich, Ängste anzusprechen, Ideen zu teilen und Lösungen zu entwickeln. Die Führungskraft verliert nicht an Autorität – im Gegenteil: Sie gewinnt an Respekt.

Fazit:
Echtheit braucht Mut – aber sie wirkt langfristig stärker als jede Fassade. Denn wer sich selbst treu bleibt, bleibt auch anderen gegenüber glaubwürdig. Und das ist die Währung, mit der moderne Führung am meisten bewegt.

 Mini-Reminder für den Alltag

Formuliere einen Satz, der dich in stressigen Momenten daran erinnert, wer du als Führungskraft sein willst:

„Ich führe am besten, wenn ich ...“

Beispiel: *Ich führe am besten, wenn ich offen bleibe, zuhöre und ehrlich kommuniziere – auch wenn es unbequem wird.*

Hänge diesen Satz sichtbar an deinen Arbeitsplatz oder trage ihn auf einer Karte bei dir.

Diese Übung lässt sich auch im Coaching oder in Team-Workshops einsetzen – als Impuls für mehr Klarheit, Verbindung und authentische Führung.

Authentizität und Glaubwürdigkeit aufbauen

Authentizität allein genügt nicht – sie muss auch spürbar werden. Glaubwürdigkeit entsteht dann, wenn Verhalten und Worte übereinstimmen und diese Übereinstimmung über längere Zeit erlebbar ist.

Um Authentizität und Glaubwürdigkeit aufzubauen, kannst du:

- Klare und konsistente Entscheidungen treffen
- Offen kommunizieren, auch über Unsicherheiten
- Persönliche Stärken und Schwächen reflektieren und ehrlich mit ihnen umgehen
- Deine Vision und Werte sichtbar leben, nicht nur formulieren

Glaubwürdigkeit wächst nicht durch große Gesten, sondern durch viele kleine, stimmige Handlungen im Alltag. Jede authentische Entscheidung, jede offene Antwort auf eine schwierige Frage, jede echte Reaktion stärkt das Fundament deines Führungsstils.

Führen als dein wahres Selbst

Dein größtes Führungsinstrument bist du selbst – mit deiner Geschichte, deinen Werten, deinen Erfahrungen. Authentisches Führen bedeutet, diese Einzigartigkeit nicht zu verstecken, sondern bewusst einzusetzen.

Dabei geht es nicht darum, perfekt zu sein. Es geht darum, präsent zu sein – mit echter Haltung, echter Aufmerksamkeit, echter Verbindung.

Wer als wahres Selbst führt, braucht keine Fassade aufrechtzuerhalten. Das spart Energie, stärkt die innere Klarheit – und wirkt auf andere kraftvoll, vertrauenswürdig und inspirierend.

Authentizität ist kein Endzustand. Sie ist ein Prozess. Ein tägliches Einüben darin, bei dir selbst zu bleiben – inmitten aller Erwartungen und Anforderungen.

Wenn du als du selbst führst, wirst du nicht nur respektiert – du wirst auch erinnern. Als jemand, der den Mut hatte, sich selbst treu zu bleiben. Und genau damit den Weg für andere geebnet hat.

Kapitel 6: Team Building – Erfolgreiche Zusammenarbeit gestalten

Vertrauen und Kommunikation stärken

Ein starkes Team entsteht nicht von selbst.

Vertrauen und Kommunikation sind die Säulen, auf denen echte Zusammenarbeit wächst. Vertrauen bedeutet: *Ich kann mich auf dich verlassen, auch wenn es schwierig wird.* Kommunikation bedeutet: *Ich verstehe, was du brauchst – und du verstehst, was ich meine.*

Als Führungskraft bist du der Taktgeber. Es beginnt damit, ein Umfeld zu schaffen, in dem offene Worte willkommen sind und Vertrauen nicht eingefordert, sondern verdient wird. Dazu gehören:

- Ehrliche und transparente Informationsweitergabe
- Regelmäßige Feedbackrunden – in beide Richtungen
- Raum für Fragen, Zweifel und Ideen
- Klare Erwartungen und eine offene Fehlerkultur

Doch Kommunikation ist nicht gleich Kommunikation. Menschen unterscheiden sich in ihrer Art zu sprechen, zuzuhören und Informationen zu verarbeiten. Wer als Führungskraft wirksam kommunizieren möchte, sollte die **vier klassischen Kommunikationstypen** kennen:

1. Der sachorientierte Kommunikationstyp

Fokussiert auf Fakten, Daten und Logik.
Spricht gerne klar und strukturiert, erwartet Präzision.

Führungsimpuls: Bleibe konkret und zeige nachvollziehbare Zusammenhänge.

2. Der beziehungsorientierte Kommunikationstyp

Legt Wert auf Harmonie, Respekt und persönliche Verbindung.
Achtet stark auf nonverbale Signale und Atmosphäre.
Führungsimpuls: Höre empathisch zu, zeige ehrliches Interesse und sorge für ein vertrauensvolles Miteinander.

3. Der initiative Kommunikationstyp

Ist spontan, ideenreich, oft begeisterungsfähig.
Denkt laut, liebt Visionen, übersieht manchmal Details.
Führungsimpuls: Gib Raum für Kreativität, hilf beim Strukturieren und bremsen, wenn nötig, wertschätzend.

4. Der sicherheitsorientierte Kommunikationstyp

Sucht Stabilität, plant gerne, analysiert Risiken.
Braucht Zeit für Entscheidungen, mag keine Schnellschüsse.
Führungsimpuls: Gib Sicherheit durch Klarheit, Geduld und verlässliche Strukturen.

Ein starkes Team lebt von der Vielfalt dieser Typen – und von einer Führung, die Unterschiede nicht nur akzeptiert, sondern bewusst integriert. Ein Team, das sich sicher fühlt, spricht Konflikte früh an, entwickelt kreative Lösungen und wächst gemeinsam an Herausforderungen.

Ohne Vertrauen bleibt jede noch so gute Strategie bloß ein theoretisches Konzept – mit echter Kommunikation wird sie gelebte Praxis.

Infobox:

Typ	Merkmale	Führungsimpuls
Sachorientiert	Analytisch, logisch, faktenbasiert	Sei präzise, strukturiert und argumentiere mit Zahlen und Daten
Beziehungsorientiert	Warmherzig, empathisch, harmoniebedürftig	Zeige Interesse, nimm dir Zeit für persönliche Gespräche
Initiativ	Spontan, kreativ, begeisterungsfähig	Höre aktiv zu, gib Raum für Ideen, schaffe Struktur
Sicherheitsorientiert	Vorsichtig, planvoll, risikobewusst	Kommuniziere verlässlich, gib Orientierung und Zeit

Tipp: Beobachte dein Team in Meetings – wer braucht was? Wer fühlt sich durch was angesprochen? Und wie kannst du als Führungskraft gezielt Brücken bauen?

Effektive Teambuilding-Aktivitäten

Teambuilding ist mehr als ein lockerer Betriebsausflug. Gute Aktivitäten schaffen echte Verbindung, fördern gegenseitiges Verständnis und stärken das Wir-Gefühl nachhaltig.

Effektive Teambuilding-Aktionen:

- Stärken die Kommunikation und das Vertrauen untereinander
- Fördern die individuellen Stärken jedes Einzelnen
- Machen erlebbare Erfahrungen möglich, die über den Alltag hinaus verbinden

Beispiele für wirksame Aktivitäten:

- Workshops zur Persönlichkeitsentwicklung
- Kooperative Outdoor-Challenges
- Kreative Problemlösungsaufgaben
- Gemeinsame soziale Projekte

Wichtig ist: Die Aktionen müssen zu deinem Team passen. Authentizität schlägt Inszenierung. Wahres Teambuilding entsteht, wenn Menschen sich nicht verstellen müssen – sondern sich zeigen dürfen, wie sie sind.

Beispiel:
In einem Softwareunternehmen organisierte die Führungskraft einen interaktiven Workshop zum Thema "Kommunikation unter Stress". Statt klassischem Frontalunterricht erarbeiteten die Mitarbeitenden in kleinen Teams Lösungen für realistische Alltagssituationen. Jeder konnte seine Perspektive einbringen. Das Ergebnis: mehr Verständnis für die Herausforderungen der Kolleginnen und Kollegen und ein spürbares Plus an Vertrauen im Team. Viele gaben an, dass sie sich "zum ersten Mal wirklich gehört" fühlten. Dieses Gefühl setzte neue Energie für die gemeinsame Arbeit frei.

Konflikte früh erkennen und lösen

Konflikte sind keine Störungen – sie sind Signale. Sie zeigen, wo Erwartungen nicht übereinstimmen, wo Bedürfnisse nicht gehört werden oder wo Unsicherheiten bestehen. Wer Konflikte früh erkennt, verhindert, dass sie eskalieren und das Teamklima vergiften.

Frühzeitiges Konfliktmanagement bedeutet:

- Wachsam für Veränderungen in der Stimmung zu bleiben
- Kritik und Spannungen nicht zu tabuisieren
- Frühzeitig Gesprächsangebote zu machen, bevor Frust sich aufstaut

Je schneller Konflikte angesprochen werden, desto einfacher lassen sie sich lösen. Und jedes gelöste Problem stärkt das Vertrauen im Team.

Wenn es Streit im Team gibt

Manchmal eskalieren Konflikte – trotz bester Vorsätze. Emotionen schlagen hoch, Fronten verhärten sich. In solchen Momenten ist es entscheidend, nicht den Streit selbst in den Mittelpunkt zu stellen, sondern die dahinterliegenden Bedürfnisse zu erkennen.

Als Führungskraft solltest du:

- Ruhe bewahren und emotional deeskalieren
- Alle Beteiligten einzeln anhören, bevor du gemeinsam moderierst
- Den Fokus auf gemeinsame Ziele lenken, nicht auf Schuldfragen
- Klare, respektvolle Spielregeln für die Kommunikation aufstellen

Manchmal ist ein moderiertes Vermittlungsgespräch sinnvoll, manchmal braucht es klare Entscheidungen, um den Arbeitsfrieden wiederherzustellen. Wichtig ist, dass niemand bloßgestellt oder übergangen wird. Streit kann – gut begleitet – sogar zu tieferem Verständnis führen.

Empathische Moderation von Konflikten

Konflikte gehören zum Arbeitsalltag – besonders in dynamischen Teams. Doch ob sie eskalieren oder zu wertvollen Entwicklungsmöglichkeiten werden, hängt entscheidend von der Haltung der Führungskraft ab. Empathische Moderation bedeutet, nicht nur nach Lösungen zu suchen, sondern die dahinterliegenden Emotionen, Bedürfnisse und Perspektiven wirklich zu verstehen.

Was macht empathische Moderation aus?

- **Zuhören ohne Urteil:** Führung bedeutet, einen Raum zu öffnen, in dem alle Beteiligten sich gehört fühlen – auch wenn die Meinungen auseinandergehen.
- **Emotionen benennen:** Sätze wie *„Ich spüre, dass das Thema bei dir gerade Frust auslöst"* helfen, Spannungen zu entladen und die Gesprächsebene zu öffnen.
- **Zwischen den Zeilen lesen:** Was wird *nicht* gesagt? Welche Unsicherheit, Angst oder Kränkung könnte dahinterstehen?
- **Balance halten:** Neutral bleiben heißt nicht, distanziert zu sein. Es heißt, mit beiden Seiten empathisch zu sein – und dabei klar in der Haltung.

Phasen einer empathischen Konfliktmoderation:

1. **Klärung des Rahmens** – Worum geht es konkret? Welche Erwartungen haben die Beteiligten an das Gespräch?
2. **Aktives Zuhören und Spiegeln** – Jede Sichtweise wird gehört, ohne unterbrochen oder bewertet zu werden.
3. **Emotionale Ebenen ansprechen** – Nicht nur *was* gesagt wurde zählt, sondern *wie* es gemeint war.
4. **Gemeinsame Lösungsfindung** – Was braucht jede Seite, um wieder konstruktiv zusammenzuarbeiten?
5. **Verbindlichkeit schaffen** – Vereinbarungen werden konkret festgehalten und ggf. nachverfolgt.

Beispiel aus dem Führungsalltag:

Zwei Teammitglieder geraten wiederholt in Streit über Zuständigkeiten. Statt sofort Entscheidungen zu treffen, lädt die Führungskraft beide zu einem moderierten Gespräch ein. Sie lässt jede Person ausreden, spiegelt zurück, was sie gehört hat, und fragt konkret nach Gefühlen und Bedürfnissen. Erst danach geht es um die Lösung – gemeinsam definieren sie neue Absprachen und eine Check-in-Routine. Ergebnis: Beide fühlen sich gehört – und halten sich an das Neue.

Reflexionsfrage für dich als Führungskraft:

In welchem Moment habe ich in der Vergangenheit einen Konflikt vorschnell „beendet", statt empathisch zu moderieren?
Was hätte sich vielleicht verändert, wenn ich anders zugehört hätte?

Probleme mit dem Vorgesetzten oder Teamleiter

Nicht nur unter Teammitgliedern können Spannungen entstehen – manchmal liegt das Problem in der Beziehung zur Führungskraft selbst. Unterschiedliche Erwartungen, Kommunikationsprobleme oder fehlende Wertschätzung können das Vertrauen massiv belasten.

Wenn du als Führungskraft merkst, dass Unzufriedenheit oder Distanz im Team wächst, ist Selbstreflexion der erste Schritt:

- Welche Signale habe ich vielleicht übersehen?
- Bin ich ansprechbar genug für mein Team?
- Kommuniziere ich klar und transparent?
- Fördere ich eine Feedbackkultur – auch mir gegenüber?

Zeige, dass du Kritik zulässt und ernst nimmst. Frage aktiv nach Rückmeldungen, ohne sie zu verteidigen. Und wenn es ernsthafte Probleme gibt: Habe den Mut, externe Unterstützung einzuholen, etwa durch Supervision oder Mediation.

Führung bedeutet nicht, perfekt zu sein. Führung bedeutet, bereit zu sein, sich weiterzuentwickeln – gerade dann, wenn es unbequem wird.

Reflexionsübung: Unser Team-Check

Diese Übung hilft deinem Team, Stärken bewusst zu machen und mögliche Spannungen frühzeitig zu erkennen – bevor sie zu Problemen werden.

So geht es:

1. **Vorbereitung:**
   Drucke für jedes Teammitglied ein Blatt mit drei einfachen Fragen aus:
   o   Was läuft aktuell in unserem Team richtig gut?
   o   Wo könnten wir uns noch verbessern?
   o   Was wünsche ich mir für unsere Zusammenarbeit?
2. **Durchführung:**
   Jeder füllt das Blatt in Ruhe für sich aus – anonym, wenn möglich.
   Danach werden die Antworten gesammelt und gemeinsam reflektiert.
3. **Auswertung:**
   Diskutiert in einer offenen, respektvollen Runde:
   o   Wo decken sich die Wahrnehmungen?
   o   Welche Themen tauchen häufiger auf?
   o   Was können wir konkret verbessern?
4. **Ableiten von Maßnahmen:**
   Wählt gemeinsam ein oder zwei Punkte aus, an denen ihr gezielt arbeiten möchtet. Plant kleine, konkrete Schritte – keine Mammutprojekte.

Ziel:

Die Übung stärkt die Selbstreflexion im Team, macht Wertschätzung sichtbar und hilft, Schwachstellen frühzeitig anzugehen. Gleichzeitig sendet sie ein starkes Signal: Jeder wird gesehen und gehört.

Kapitel 7: Wenn Führung Bindung schafft – und Kündigungen zur Ausnahme werden

> Mitarbeitende verlassen nicht Unternehmen – sie verlassen Führungskräfte!

Diese oft zitierte Erkenntnis bringt es auf den Punkt: Wer sich nicht gesehen, gehört oder wertgeschätzt fühlt, orientiert sich früher oder später neu. Umgekehrt bleiben Menschen, wenn sie spüren: „Hier kann ich wachsen. Hier bin ich wichtig. Hier bleibe ich gern."

Eine Führung, die mit Empathie, Klarheit und echter Wertschätzung arbeitet, baut nicht nur Motivation auf – sondern auch Loyalität. Das bedeutet nicht, dass es nie Unzufriedenheit oder Veränderungswünsche gibt. Aber es bedeutet, dass die emotionale Bindung zum Team und zur Führungskraft stark genug ist, um gemeinsam Lösungen zu finden, bevor der Absprung kommt.

Praxisbeispiel: Die Führungskraft, die eine Kündigung verhinderte

Julia, Teamleiterin in einem mittelständischen Unternehmen, bemerkte, dass eine ihrer Top-Mitarbeiterinnen zunehmend distanziert wirkte. Statt auf Konfrontation zu gehen oder zu spekulieren, lud sie sie zu einem offenen Gespräch ein – ohne Agenda, aber mit ehrlichem Interesse.

Die Mitarbeiterin schilderte ihre Überlastung und ihre Zweifel an der Sinnhaftigkeit ihrer Arbeit. Julia hörte aktiv zu, nahm die Rückmeldung ernst und entwickelte gemeinsam mit ihr eine neue Aufgabenverteilung, die nicht nur ihre Stärken stärker einband, sondern auch mehr Freiraum ließ. Drei Monate später war die Mitarbeiterin nicht nur geblieben – sie engagierte sich freiwillig für ein neues Projekt.

Übung: Bleib-Gründe sichtbar machen

Frage deine Teammitglieder im nächsten Einzelgespräch oder Teammeeting:

- Was motiviert dich, genau hier zu arbeiten?
- Was müsste sich ändern, damit du dich noch wohler fühlst?
- Was war in letzter Zeit ein Moment, in dem du dachtest: „Genau deshalb bin ich gern hier"?

Notiere dir diese Antworten – anonymisiert, wenn nötig – und nutze sie als Kompass für deine Führungsentwicklung. Denn die besten Strategien gegen Fluktuation sind keine Programme – sondern persönliche Beziehungen.

☑ Mini-Checkliste für deinen Führungsalltag

◆ **Habe ich heute aktiv zugehört?**
→ Nicht nur gehört, sondern wirklich verstanden?

◆ **War ich heute klar und transparent in meiner Kommunikation?**
→ Gab es unnötige Missverständnisse?

◆ **Habe ich Feedback gegeben – und angenommen?**
→ Wertschätzend, konkret und zeitnah?

◆ **Habe ich mein Team ermutigt, Verantwortung zu übernehmen?**
→ Oder habe ich (unbewusst) Kontrolle behalten?

◆ **Bin ich heute meinem eigenen Führungsstil treu geblieben?**
→ Oder habe ich aus Stress anders reagiert als gewollt?

◆ **Gab es heute einen Moment echter Verbindung mit einem Teammitglied?**
→ Ein Gespräch, das über das rein Funktionale hinausging?

◆ **Habe ich Wertschätzung gezeigt – individuell und ehrlich?**
→ Nicht als Pflicht, sondern aus Überzeugung?

Einzelne fördern – Teams stärken: Der doppelte Auftrag der Führung

Erfolgreiche Führung ist immer zweigleisig: Sie nimmt den einzelnen Menschen ernst – und hält gleichzeitig das große Ganze im Blick. Denn nur wenn sich Einzelne gesehen, gefördert und eingebunden fühlen, wächst auch ein starkes, vertrauensvolles Team.

Einzelne stärken – warum das so entscheidend ist:

- Menschen wollen *gesehen* werden – nicht nur ihre Leistung, sondern auch ihre Persönlichkeit.
- Individuelle Förderung weckt Potenzial, stärkt die Motivation und beugt Demotivation oder innerer Kündigung vor.
- Wer Entwicklungschancen erhält, bleibt engagiert – und dem Unternehmen treu.

Wie du Einzelne gezielt fördern kannst:

- **Regelmäßige 1:1-Gespräche:** Schaffe Raum für Reflexion, ehrliches Feedback und persönliche Ziele.
- **Individuelle Lernpfade:** Nicht jeder braucht den gleichen Weg – biete flexible Weiterbildungen, Jobrotation oder neue Projekte.
- **Stärkenorientierung statt Defizitfokus:** Frag nicht nur „Was läuft nicht?", sondern: „Was kann diese Person richtig gut – und wo kann sie damit glänzen?"

Teams stärken – damit das Ganze mehr ist als die Summe seiner Teile

Ein Team funktioniert nur dann langfristig gut, wenn gemeinsame Werte, klare Kommunikation und gegenseitiges Vertrauen die Basis bilden. Die Rolle der Führungskraft ist es, diese Kultur bewusst zu gestalten.

Was starke Teams ausmacht:

- Klar definierte Ziele und Rollen
- Wertschätzung für Unterschiedlichkeit
- Eine offene, unterstützende Fehlerkultur
- Gemeinsame Erfolge – und gemeinsames Lernen aus Misserfolgen

Tools zur Teamstärkung:

- **Teamtage und Workshops** zur Reflexion und Ausrichtung
- **Peer-Feedback-Runden** zur gegenseitigen Stärkung
- **Rituale der Wertschätzung**, z. B. Monats-Highlights oder kleine Anerkennungen

Praxisbeispiel:

Eine Führungskraft erkennt, dass eine introvertierte Mitarbeiterin großes Potenzial im konzeptionellen Denken hat, aber kaum zu Wort kommt. In einem 1:1-Gespräch stärkt sie ihr Selbstvertrauen, gibt ihr einen eigenen Projektbereich – und bittet in der Teambesprechung explizit um ihre Perspektive. Das Team sieht eine neue Seite – und integriert sie stärker.

⏱ Reflexionsimpuls:

Wer in deinem Team ist fachlich stark, aber zu wenig sichtbar? Wen könntest du im nächsten Monat aktiv stärken – durch ein Gespräch, eine Aufgabe oder einen Impuls?

✏ Mini-Übung: Fokus auf individuelle Stärken

Ziel:
Bewusstsein für Potenziale im Team schaffen und gezielt Entwicklungsimpulse setzen.

Zeitbedarf: ca. 15–20 Minuten (Einzelarbeit oder Führungskraft-Reflexion)

So geht's:

1. **Wähle drei Mitarbeitende aus deinem Team**, bei denen du das Gefühl hast, dass noch mehr Potenzial vorhanden ist – fachlich, persönlich oder im sozialen Miteinander.
2. Notiere zu jeder Person folgende Punkte:

Name	Was sind die erkennbaren Stärken dieser Person?	Wo sehe ich Entwicklungspotenzial?	Was könnte mein nächster konkreter Schritt sein, um sie/ihn zu stärken?

3. **Setze eine Maßnahme direkt um**: z. B. ein persönliches Gespräch, die Übergabe einer neuen Aufgabe, ein Lob oder eine gezielte Rückmeldung.

Reflexionsfrage:

„Was verändert sich im Teamklima, wenn ich konsequent Stärken sehe und fördere – statt nur Aufgaben zu verteilen?"

Mini-Übung: Fokus Einzelperson – Wirkung aufs Team

Diese kurze Reflexionsübung hilft dir als Führungskraft, das Potenzial eines einzelnen Teammitglieds gezielt zu erkennen und zu überlegen, wie sich dessen Entwicklung positiv auf das gesamte Team auswirken kann.

1. Fokus auf eine Einzelperson
Wähle eine Person aus deinem Team, die du gezielt fördern möchtest.
- Welche Stärken beobachtest du bei dieser Person?
- Wo hat sie Entwicklungspotenzial?
- Wie kannst du dieses Potenzial konkret fördern (z. B. durch ein Projekt, Feedback, Coaching)?

2. Übertragung auf das Team
Überlege, wie sich die gezielte Förderung dieser Person auf das gesamte Team auswirken kann.
- Welches Vorbild kann sie für andere sein?
- Welche Dynamiken im Team könnten sich dadurch positiv verändern?

- Wie kannst du das sichtbar und für das Team nutzbar machen?

3. Nächste Schritte
Notiere 1–2 konkrete Maßnahmen, die du in den nächsten zwei Wochen umsetzen wirst, um diese Entwicklung anzustoßen.

📝 Mini-Übung: Gruppenfokus und Team- stärkung

Ziel dieser Übung ist es, die Wahrnehmung innerhalb der Gruppe zu fördern, Stärken sichtbar zu machen und gemeinsam neue Perspektiven für die Zusammenarbeit zu entwickeln. Sie eignet sich gut für Teamworkshops, Retrospektiven oder zur Stärkung des Gruppenzusammenhalts.

◆ Ablauf
- 1. Jede Person schreibt anonym auf einen Zettel: Was schätze ich besonders an dieser Gruppe?
- 2. Sammle alle Antworten, mische sie und lese sie laut vor – ohne Namen zu nennen.
- 3. Danach: Jede:r schreibt auf, was sie/er aktuell der Gruppe geben möchte.
- 4. Tauscht euch in Kleingruppen darüber aus: Was braucht ihr voneinander, um gut zusammenzuarbeiten?
- 5. Gemeinsame Reflexion: Was nehmen wir aus dieser Runde mit – als Gruppe und jede:r für sich?

◡ Reflexionsfragen
• Was hat dich heute überrascht?
• Was möchtest du in die nächsten Wochen mitnehmen?
• Was stärkt dich – und was stärkt ihr euch gegenseitig?

Ausblick auf Kapitel 8: Wenn aus Haltung Kultur wird

Du hast gesehen, wie kraftvoll Führung sein kann, wenn sie Menschen nicht nur anleitet, sondern begleitet. Doch was geschieht, wenn Empathie, Charisma und Authentizität nicht mehr nur Techniken sind – sondern gelebte Haltung? Dann entsteht ein Führungsstil, der Vertrauen schafft, Loyalität stärkt und weit über einzelne Methoden hinauswirkt. Wie genau das gelingt, erfährst du in Kapitel 8.

Starkes Team durch starke Führung

Ein Team zu führen, in dem Menschen wachsen, sich sicher fühlen und gemeinsam über sich hinauswachsen – das ist kein Zufallsprodukt. Es ist das Ergebnis einer Führung, die sieht, fördert, schützt – und fordert, ohne zu überfordern.
Wenn Mitarbeitende spüren: *Ich werde hier gesehen, geschätzt und kann mich entfalten*, dann entsteht ein Umfeld, in dem nicht nur Ergebnisse zählen, sondern auch Beziehungen.
Ein Umfeld, in dem Kündigungen zur Ausnahme werden – weil Bleiben sich lohnt.

Ein Praxisbeispiel:

In einem mittelständischen IT-Unternehmen war die Fluktuation im Entwicklerteam hoch. Erst als die Teamleitung begann, regelmäßig 1:1-Gespräche mit Fokus auf persönliche Entwicklung, Herausforderungen und Potenzialgestaltung zu führen – kombiniert mit echtem Mentoring – sank die Kündigungsrate drastisch. Heute gilt das Team als stabilster Kern des Unternehmens.

Übung für den Führungsalltag - Bleibebindung aktiv gestalten:

Nimm dir einmal im Monat bewusst 30 Minuten für eine „Mitarbeitendenbindungseinheit":

- Wen habe ich zuletzt aktiv bestärkt?
- Wo erkenne ich Anzeichen innerer Kündigung – und wie kann ich gegensteuern?
- Welches kleine Zeichen von Wertschätzung könnte ich heute geben?

Hier ist eine Mini-Übung zur *Mitarbeiterbindung stärken* – geeignet für Workshops, Team-Meetings oder Führungskräfte-Coachings:

—

Mini-Übung: Bleibebindung aktiv stärken

Ziel: Reflektieren, was Mitarbeitende im Team hält – und gezielt Maßnahmen entwickeln, um diese Faktoren zu stärken.

Dauer: ca. 20–30 Minuten
Format: Gruppenarbeit oder Einzelreflexion mit anschließender Teamrunde

—

Teil 1 - Reflexion (Einzelarbeit)

Frage 1:
Was hält dich (oder dein Team) aktuell im Unternehmen?

Beispiele:

- Sinnvolle Aufgaben
- Kollegiale Atmosphäre
- Flexibilität
- Führungskultur
- Entwicklungsmöglichkeiten

Frage 2:
Was würde dich (oder dein Team) dauerhaft binden?

Frage 3:
Was könnte deine Bindung schwächen oder gefährden?

Teil 2 - Austausch & Transfer (Teamrunde)

Diskussion in Kleingruppen oder im Plenum:

- Welche Punkte wurden mehrfach genannt?
- Wo gibt es Differenzen?
- Welche Maßnahmen kann das Team bzw. die Führungskraft konkret ergreifen?

Merksatz:

Menschen bleiben nicht wegen der Kaffeemaschine –
sondern weil sie sich gesehen, gebraucht und geschätzt fühlen.

Kapitel 8: Das Zusammenspiel: ACE Authentizität, Charisma und Empathie

Starke Führung entsteht nicht aus reiner Methodik – sie lebt aus Haltung, Wirkung und echter Verbindung. Empathie, Charisma und Authentizität bilden dabei das Herzstück eines modernen, menschlichen Führungsstils. Jede dieser Eigenschaften wirkt für sich – doch ihr wahres Potenzial entfalten sie im Zusammenspiel.

Das Führungsdreieck

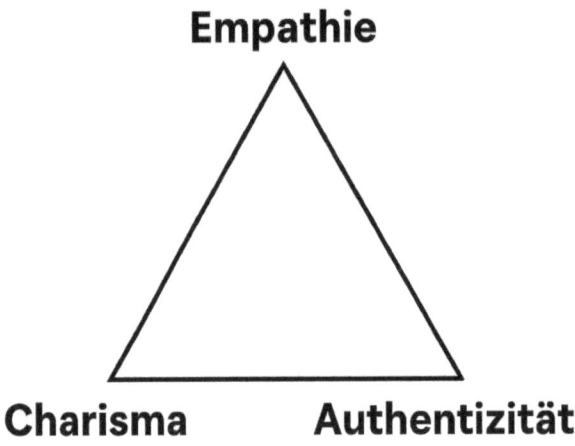

Empathie

Charisma   **Authentizität**

Hier siehst du das „Führungsdreieck" als visuelles Modell:

Empathie, Charisma und Authentizität bilden die drei tragenden Ecken. Dieses Modell verdeutlicht, wie dein Führungsstil die Teamkultur formt – durch Haltung, nicht nur durch Technik.

Authentizität – die Glaubwürdigkeit

Authentische Führung heißt: Du bist, wer du bist – auch in Führungsfragen. Keine Maske, kein Machtgehabe, sondern Klarheit über die eigenen Werte, Stärken und Grenzen. Authentische Führung wirkt glaubwürdig, weil sie nicht vorgibt, alles zu wissen. Sie bezieht Stellung, zeigt Haltung – und bleibt dabei menschlich.

Charisma – die Strahlkraft

Charisma ist keine laute Bühne, sondern eine stille Kraft. Sie zeigt sich in Klarheit, innerer Präsenz und inspirierender Kommunikation. Charismatische Führungskräfte strahlen Überzeugung aus, ohne aufdringlich zu sein. Sie motivieren durch Sinn, nicht durch Druck. Ihr Auftreten wirkt magnetisch – nicht, weil sie perfekt sind, sondern weil sie echt sind und für etwas stehen.

Empathie – die Verbindungsebene

Empathie ist die Fähigkeit, sich in andere einzufühlen – ihre Perspektiven zu verstehen, ihre Emotionen wahrzunehmen und angemessen darauf zu reagieren. In der Führung bedeutet das: Zuhören mit echtem Interesse, wahrnehmen, ohne zu bewerten, unterstützen, ohne zu dominieren. Empathie schafft Nähe, Vertrauen und Sicherheit – besonders in unsicheren Zeiten oder angespannten Teamphasen.

Führungsqualität entsteht im Zusammenspiel

Diese drei Qualitäten sind keine einzelnen Tools, die man bei Bedarf einsetzt. Sie bilden zusammen eine innere Haltung, die sich auf das gesamte Führungsverhalten auswirkt.

- **Empathie ohne Authentizität** wirkt beliebig.
- **Charisma ohne Empathie** kann einschüchternd wirken.
- **Authentizität ohne Wirkung** bleibt unter der Oberfläche.

Erst wenn Empathie echte Verbundenheit schafft, Charisma Orientierung gibt und Authentizität Vertrauen aufbaut, entsteht eine Führung, die inspiriert, stabilisiert und bewegt. Dieses Zusammenspiel ist nicht nur wirksam – es ist zeitgemäß.

Reflexionsfrage:
Welche dieser drei Qualitäten lebst du bereits bewusst – und wo möchtest du gezielter hinschauen oder dich weiterentwickeln?

An diesem Punkt im Buch bist du bereits vielen Facetten wirksamer Führung begegnet. Doch was verbindet sie? Welche Kräfte tragen dich durch jede Situation – ob motivierend, klärend oder herausfordernd?

Es sind drei elementare Qualitäten, die sich wie tragende Pfeiler durchziehen: **Empathie, Charisma und Authentizität.**

Dieses Führungsdreieck ist mehr als ein theoretisches Modell – es ist dein innerer Kompass im Führungsalltag.

- **Empathie** öffnet Verbindung.
- **Charisma** schafft Anziehung.
- **Authentizität** gibt Vertrauen.

Nur im Zusammenspiel dieser drei Elemente gelingt dir ein Führungsstil, der nicht nur *funktioniert*, sondern Menschen wirklich mitnimmt.

Diese drei Kräfte...

- ...helfen dir, auch in unsicheren Zeiten Sicherheit zu vermitteln.
- ...machen dich zur Orientierung für dein Team.
- ...formen eine Führung, die nicht auf Kontrolle basiert, sondern auf Beziehung.

Und genau darum geht es im nächsten Kapitel.

Kapitel 9: Die Balance finden – Führung mit Herz und Verstand

Wie gelingt es, zwischen Nähe und Klarheit zu balancieren? Wie kannst du emotional präsent sein – und dennoch souverän entscheiden?
In diesem Kapitel geht es darum, **Herz und Verstand** (Hirn) zu verbinden – und damit in deinem Führungsalltag Entscheidungen zu treffen, die menschlich und wirksam zugleich sind.

!

> **Führung ist kein Entweder-oder.**

Führen bedeutet nicht entweder Gefühl oder Verstand – sondern beides.

Es geht nicht darum, sich zwischen Empathie und Effizienz, zwischen Nähe und Professionalität zu entscheiden. Die wahre Kunst der modernen Führung liegt darin, Herz und Verstand in Einklang zu bringen – und genau diese Balance bewusst zu gestalten.

Denn Führungskräfte, die ausschließlich rational agieren, verlieren leicht den Kontakt zum Team. Und jene, die sich ausschließlich vom Gefühl leiten lassen, laufen Gefahr, Entscheidungen zu vermeiden oder Strukturen zu vernachlässigen. Erst im Zusammenspiel entfaltet sich die volle Kraft.

Emotionale Intelligenz trifft auf Klarheit

Empathie, Verständnis und emotionale Sensibilität sind unverzichtbar. Doch genauso wichtig sind klare Ziele, Orientierung und eine souveräne Entscheidungsfähigkeit. Führung mit Herz und Verstand bedeutet, beides zu verbinden:

- Emotionale Signale wahrnehmen und ernst nehmen
- Entscheidungen treffen, die menschlich und strategisch sind
- Kommunikation, die Mut macht – ohne die Realität zu beschönigen

Diese Balance ist besonders in herausfordernden Situationen entscheidend. Wenn Unsicherheit herrscht, suchen Menschen sowohl Orientierung als auch emotionale Stabilität. Wer beides geben kann, schafft Vertrauen.

Entscheidungen empathisch und strategisch zu treffen bedeutet, Kopf und Herz in Einklang zu bringen. Als Führungskraft stehst du täglich vor der Herausforderung, kluge, durchdachte Entscheidungen zu treffen – oft unter Zeitdruck und in komplexen Situationen. Doch eine rein rationale Sichtweise greift häufig zu kurz. Wirklich nachhaltige und tragfähige Entscheidungen entstehen dort, wo Strategie und Empathie miteinander wirken.

Was heißt das konkret?

Empathisch entscheiden heißt:

- die Perspektive anderer mit einbeziehen,
- emotionale Reaktionen ernst nehmen,
- Betroffene zu Beteiligten machen.

Strategisch entscheiden heißt:

- langfristige Auswirkungen berücksichtigen,
- Chancen und Risiken abwägen,
- Ziele klar im Blick behalten.

Das Zusammenspiel:

Eine empathische Führungskraft fragt nicht nur: *Was ist effektiv?*, sondern auch: *Wie fühlt es sich für mein Team an?* Eine strategische Entscheidung fragt nicht nur: *Was wollen wir erreichen?*, sondern auch: *Wer muss mitziehen – und wie gelingt das gemeinsam?*

Diese Haltung schafft nicht nur bessere Ergebnisse, sondern auch mehr Akzeptanz, Loyalität und Motivation im Team.

Praxisbeispiel:

Du überlegst, ein Projektteam neu aufzustellen. Strategisch wäre es sinnvoll, eine erfahrene Kollegin umzusetzen. Doch du weißt: Sie hat sich gerade in ihrem aktuellen Team eingelebt.

Empathisch-strategisch handeln bedeutet:
Du führst ein ehrliches Gespräch, erklärst den Hintergrund deiner Überlegung und hörst aktiv zu. Du nimmst Sorgen ernst, bietest

Unterstützung an und beziehst sie in die Gestaltung ihres Rollen-wechsels ein.

Ergebnis: Die Entscheidung wird nicht nur verstanden, sondern mit-getragen. Die Kollegin fühlt sich gesehen – und bleibt motiviert.

Mini-Übung: Entscheidungskompass

Bevor du eine wichtige Entscheidung triffst, stelle dir folgende Fra-gen:

1. **Faktenlage**: Welche Daten, Ziele und Informationen sprechen dafür oder dagegen?
2. **Team-Perspektive**: Wen betrifft die Entscheidung? Welche Reaktionen sind wahrscheinlich?
3. **Werte-Check**: Entspricht meine Entscheidung meinen Füh-rungswerten?
4. **Langfristwirkung**: Was bedeutet diese Entscheidung auf lange Sicht – für mich, das Team und das Unternehmen?
5. **Kommunikation**: Wie formuliere ich meine Entscheidung so, dass sie nachvollziehbar und respektvoll vermittelt wird?

Diese Reflexion dauert wenige Minuten – aber sie kann den entschei-denden Unterschied machen.

Die Balance zeigt sich in deinem Alltag

Führen mit Herz und Verstand zeigt sich nicht in großen Reden, sondern in kleinen, alltäglichen Entscheidungen:

- Du hörst zu, ohne gleich zu bewerten
- Du gibst Feedback, das ehrlich und wertschätzend ist
- Du erkennst Leistung an, auch wenn das Ziel noch nicht erreicht ist
- Du führst Gespräche auf Augenhöhe – und verlierst nie den Überblick

Praxisbeispiel: Die produktive Entscheidung

Eine Führungskraft steht vor der Wahl: Zwei Mitarbeitende haben Konflikte, der Projektzeitplan gerät ins Wanken. Rational wäre es, die beiden sofort zu trennen – Hauptsache, das Projekt läuft. Mit Herz und Verstand aber wählt die Führungskraft einen anderen Weg: ein klärendes Gespräch mit beiden Parteien, Verständnis für ihre Perspektiven, gleichzeitig klare Erwartungen an ihr Verhalten. Das Projekt verzögert sich einen Tag – aber das Team bleibt stabil und motiviert. Und langfristig effizienter.

Die stille Stärke: Präsenz in stürmischen Zeiten

Mitarbeitende spüren, ob du präsent bist – auch wenn du nichts sagst. Führung mit Herz und Hirn (Verstand) bedeutet nicht, ständig zu sprechen oder zu lenken. Manchmal ist die stärkste Führung die, die Raum gibt, Sicherheit ausstrahlt und bei Bedarf verlässlich eingreift.

Diese Präsenz lässt sich trainieren – nicht durch Lautstärke, sondern durch bewusste Selbstführung. Wer sich selbst gut kennt und führt, kann andere kraftvoll begleiten.

⊘ Herz-und-Verstand-Kompass (Reflexionsdiagramm)

1. Entscheidungsachse: Wo lag der Fokus?

Entscheidung	Eher rational (Verstand)	Ausgewogen	Eher emotional (Herz)
Beispiel 1	☐	☐	☐
Beispiel 2	☐	☐	☐
Beispiel 3	☐	☐	☐

✅ Tipp: Nutze Farben (z. B. Blau für Verstand, Rot für Herz), um deine Tendenzen visuell hervorzuheben.

2. Wirkungsskala: Was hat das bewirkt?

Entschei-dung	Klarheit (1–5)	Vertrauen im Team (1–5)	Ergebniszufrieden-heit (1–5)
Beispiel 1	☐ ☐ ☐ ☐ ☐	☐ ☐ ☐ ☐ ☐	☐ ☐ ☐ ☐ ☐
Beispiel 2	☐ ☐ ☐ ☐ ☐	☐ ☐ ☐ ☐ ☐	☐ ☐ ☐ ☐ ☐
Beispiel 3	☐ ☐ ☐ ☐ ☐	☐ ☐ ☐ ☐ ☐	☐ ☐ ☐ ☐ ☐

3. Erkenntnisse & Integration

🖉 **Was hätte ich anders gemacht, wenn ich Herz & Verstand bewusster verbunden hätte?**

→

_____

🖉 **Wie möchte ich in Zukunft bewusst balancieren?**

→

_____

Übung: Dein Herz-und-Verstand-Kompass

Nimm dir 10 Minuten Zeit und notiere:

1. Welche Entscheidung habe ich in letzter Zeit eher *mit dem Kopf* getroffen – und wie war das Ergebnis?
2. Wann habe ich eher *aus dem Bauchgefühl* entschieden – und was hat das bewirkt?
3. Was hätte passiert, wenn ich beide Ebenen bewusst integriert hätte?

Frage dich anschließend:

- Wo kann ich in meinem Führungsalltag noch bewusster beides einbringen?
- Wo vermeide ich vielleicht Entscheidungen, weil mir der Mut oder die Klarheit fehlt?

Tipp: Schreibe dir eine Erinnerung auf einen Zettel oder in dein Smartphone: *„Ich darf mit Herz führen – und mit Klarheit."* Lies diesen Satz vor schwierigen Gesprächen oder Meetings.

Fazit: Balance ist kein Zustand – sondern eine bewusste Haltung

Führung mit Herz und Verstand ist kein Talent, sondern eine Haltung, die du kultivieren kannst. Sie verlangt Reflexion, Übung – und den Mut, manchmal nicht perfekt zu sein.

Aber genau darin liegt deine Stärke:
Dass du Mensch bist.
Und dass du Menschen führst.

Führung mit Herz und Verstand (Hirn) bedeutet nicht nur, im Moment bewusst zu handeln, sondern auch strategisch vorauszudenken. Es ist der feine Spagat zwischen Intuition und Struktur, zwischen emotionaler Nähe und professioneller Klarheit. Doch wie sieht das konkret im Alltag aus? Was geschieht, wenn aus Prinzipien Praxis wird?

Kapitel 10 öffnet den Raum für die nächste Ebene: den Blick auf deinen Führungsstil in Aktion. Wie kannst du die Haltung, die du entwickelst, wirksam in Entscheidungen, Begegnungen und tägliches Handeln übersetzen? Welche Strategien funktionieren – und was können wir aus erfolgreichen Praxisbeispielen lernen?

Kapitel 10: Dein Führungsstil in Aktion – Erfolgsstrategien und Fallbeispiele

Führung beginnt im Alltag – nicht im Lehrbuch

Führung zeigt sich nicht erst im großen Strategie-Meeting oder im Jahresgespräch. Sie beginnt im Kleinen: in einem Gespräch auf Augenhöhe, im Zuhören trotz Zeitdruck, in einer klaren Entscheidung auch bei Gegenwind. Wer empathisch, charismatisch und authentisch führt, braucht kein großes Bühnenlicht – er oder sie wirkt durch innere Haltung und tägliches Handeln.

Dieses Kapitel zeigt dir, wie dein Führungsstil konkret wird. Es geht um gelebte Praxis: Was funktioniert im Alltag wirklich? Welche Prinzipien bewähren sich? Und welche Strategien stärken dich – auch in fordernden Momenten?

1. Erfolgsstrategie: Klar kommunizieren – mit Herz und Haltung

Klarheit ist eine Form der Fürsorge. Mitarbeitende brauchen Orientierung, besonders in dynamischen Umfeldern. Klar kommunizieren heißt nicht, hart aufzutreten, sondern verständlich, verlässlich und wertschätzend zu sein.

Klarheit entsteht durch:

- regelmäßige Feedbackgespräche mit Fokus auf Entwicklung
- transparente Entscheidungen, auch wenn sie nicht immer bequem sind
- klare Erwartungen, verbunden mit offenem Dialog

Ein authentischer Führungsstil kommuniziert nicht im Modus „Ansage von oben", sondern lädt zur Mitgestaltung ein – mit klaren Rahmenbedingungen und echtem Interesse an der Meinung des Teams.

2. Erfolgsstrategie: Präsenz zeigen – auch wenn es stressig ist

In der Hektik des Führungsalltags ist es leicht, sich hinter Aufgaben zu verlieren. Doch echte Präsenz macht den Unterschied. Wer sich wirklich zeigt – mit Zeit, Aufmerksamkeit und Interesse – stärkt Vertrauen und Bindung.

Präsenz bedeutet:

- im Gespräch ganz da zu sein – ohne Handy, ohne „Multitasking"
- nonverbal aufmerksam zu sein – durch Blickkontakt, Körperhaltung, Zuhören
- auch in digitalen Formaten Nähe zu schaffen – durch bewusste Sprache und empathische Ansprache

3. Erfolgsstrategie: Entscheidungen mutig und nachvollziehbar treffen

Führung heißt auch: Entscheidungen treffen – selbst dann, wenn sie unbequem sind. Der Schlüssel liegt darin, diese Entscheidungen nachvollziehbar zu machen. Ein authentischer Führungsstil erklärt das

„Warum" – nicht, um sich zu rechtfertigen, sondern um Mitdenken zu fördern.

Mut zur Entscheidung zeigt sich darin:

- auf Basis von Werten und Zielklarheit zu handeln
- Beteiligung zu ermöglichen, ohne in Unentschlossenheit zu verharren
- Fehler als Teil des Weges anzuerkennen – und offen damit umzugehen

Praxisbeispiel: Führung mit Haltung im Wandel

Miriam, Teamleiterin in einem wachsenden Software-Unternehmen, steht vor einer Umstrukturierung. Ein Teil ihres Teams soll in ein neues Projekt wechseln – Unruhe macht sich breit. Statt mit reiner Sachlichkeit vorzugehen, führt sie persönliche Gespräche, fragt nach Bedenken und gibt offen zu, dass auch sie die Umstellung als Herausforderung empfindet.

Ergebnis: Das Team zieht mit, weil es sich gesehen fühlt. Die Stimmung bleibt konstruktiv, das Vertrauen wächst – gerade wegen Miriams Nahbarkeit und Klarheit.

4. Erfolgsstrategie: Den Wandel gestalten – statt ihm nur zu folgen

In der modernen Arbeitswelt ist Veränderung die Konstante. Führung in Aktion bedeutet, Wandel nicht nur zu begleiten, sondern aktiv zu gestalten. Menschen folgen Führungskräften, die eine Vision haben – und sie auch vorleben.

Was das konkret heißt:

- Veränderungen nicht als Bedrohung, sondern als Entwicklungsraum kommunizieren
- emotionale Dynamiken im Team wahrnehmen – und begleiten
- gemeinsam mit dem Team reflektieren: Was lernen wir gerade? Was brauchen wir?

5. Übung: Dein Stil im Spiegel der Praxis

Reflektiere deine Führung im Alltag. Nimm dir 20 Minuten Zeit und beantworte folgende Fragen schriftlich:

- In welchen Momenten wirke ich besonders stimmig – also klar, zugewandt und authentisch?
- Wann verliere ich mich eher im Funktionieren? Was löst das aus?
- Welche Rückmeldungen habe ich zuletzt zu meinem Führungsverhalten erhalten?
- Was möchte ich in den nächsten vier Wochen ganz konkret in meinem Führungsstil anders machen – und warum?

Tipp: Notiere drei Situationen, in denen du bewusst in deinem Stil handeln willst – z. B. ein Feedbackgespräch, ein Teammeeting, ein Konflikt. Plane sie gezielt vor – mit Fokus auf dein „Wie".

Fazit: Dein Führungsstil wirkt – auch wenn du ihn nicht aussprichst

Führung ist keine Theorie.

Sie zeigt sich in deinem Verhalten, deiner Ausstrahlung, deinem täglichen Handeln. Wer mit Haltung führt, wirkt nachhaltig – nicht durch Perfektion, sondern durch Echtheit. Und genau das inspiriert andere, mitzugehen, mitzuwachsen und mitzuwirken.

Praxisbeispiel: Feedbackgespräch im Dialog

Situation:

Eine Mitarbeiterin, Lisa, ist seit einigen Wochen unkonzentriert und bringt weniger Ergebnisse als gewohnt. Du als Führungskraft möchtest ein wertschätzendes, aber klares Feedback geben – mit Fokus auf Entwicklung und Vertrauen.

Führungskraft (FK):

„Hallo Lisa, danke, dass du dir heute Zeit für dieses Gespräch genommen hast. Mir ist wichtig, dass wir offen über das sprechen, was gerade los ist – und dass du weißt: Das hier ist kein Kritikgespräch, sondern ein gemeinsamer Blick auf das, was wir verändern können. Ist das für dich okay?"

Lisa (MA):

„Ja, das ist okay. Ich bin ehrlich gesagt auch froh, dass wir sprechen."

FK:

„In den letzten zwei, drei Wochen habe ich gemerkt, dass du in Projekten zurückhaltender bist als sonst und deine Rückmeldungen bei Deadlines oft knapp kommen. Ich weiß, dass du sehr engagiert arbeitest, deshalb hat mich das gewundert. Wie geht es dir aktuell?"

MA:

„Es ist tatsächlich viel los bei mir. Ich habe privat einiges um die Ohren, und ich merke, dass ich mich schwer tue, mich zu konzentrieren. Aber ich wollte nicht, dass das hier zur Sprache kommt, weil ich keinen Druck machen wollte."

FK:

„Danke, dass du das so ehrlich sagst. Ich schätze sehr, dass du so offen bist. Und genau deshalb wollte ich mit dir sprechen – nicht um zu kontrollieren, sondern weil ich möchte, dass du dich unterstützt fühlst. Es ist völlig okay, wenn es mal nicht rund läuft. Wichtig ist nur, dass wir einen Weg finden, wie du wieder in deine Kraft kommst."

MA:

„Das tut ehrlich gesagt gut zu hören."

FK:

„Gerne. Vielleicht können wir gemeinsam überlegen, was dir konkret

84

helfen würde. Wäre es für dich eine Entlastung, wenn du für zwei Wochen aus einem Projekt aussteigst oder feste Fokuszeiten bekommst, in denen du ungestört arbeiten kannst?"

MA:
„Fokuszeiten wären großartig. Und vielleicht ein Check-in mit dir einmal die Woche – einfach zum Sortieren."

FK:
„Super. Das setzen wir so um. Und: Ich weiß deine Arbeit sehr zu schätzen, auch wenn gerade nicht alles reibungslos läuft. Mir ist lieber, du bleibst ehrlich und wir gestalten das gemeinsam, als dass du dich allein durchkämpfst."

<u>Was dieses Gespräch zeigt:</u>

- Die Führungskraft schafft einen sicheren Raum.
- Feedback wird nicht als Vorwurf, sondern als Einladung zur Reflexion formuliert.
- Zuhören, Verständnis und konstruktive Vorschläge stehen im Vordergrund.
- Das Gespräch bleibt klar in der Sache, aber weich im Ton – eine Haltung, die Vertrauen fördert.

Kapitel 11: Der Weg zum Erfolg – Deine kontinuierliche Weiterentwicklung als Führungskraft

Warum Entwicklung kein Ziel, sondern ein Weg ist

Erfolgreiche Führung endet nicht mit einem Titel oder einer Position. Sie beginnt dort – und entwickelt sich weiter. In einer Welt, in der sich Anforderungen, Märkte und Teams stetig verändern, braucht es keine starren Führungsbilder, sondern lebendige Persönlichkeiten, die bereit sind, zu lernen, zu wachsen und sich selbst immer wieder neu zu justieren.

Kontinuierliche Weiterentwicklung ist kein Zeichen von Unsicherheit, sondern von Stärke. Sie zeigt, dass du offen bist – für Feedback, für neue Perspektiven, für Veränderungen. Als moderne Führungskraft bist du nicht nur Coach für dein Team, sondern auch dein eigener Coach.

Feedback als Entwicklungs-Booster

Ein zentrales Instrument auf diesem Weg ist Feedback. Und zwar nicht nur das, was du gibst – sondern das, was du annimmst. Wer Feedback als Geschenk betrachtet, gewinnt neue Sichtweisen, erkennt blinde Flecken und wächst über sich hinaus.

Nutze Feedback als Spiegel und nicht als Urteil. Stelle Fragen wie:

- Was brauche ich, um als Führungskraft noch wirksamer zu sein?
- Wo sehen andere meine größten Stärken?

- Was wünschen sich meine Mitarbeitenden im Alltag mehr oder weniger von mir?

Regelmäßige Feedbackgespräche, anonyme Umfragen oder kollegiales Peer-Feedback schaffen eine offene Lernkultur – und fördern Vertrauen auf allen Ebenen.

Selbstreflexion als Führungsinstrument

Neben dem externen Feedback ist deine eigene Reflexion entscheidend. Reserviere dir regelmäßig Zeit, um dich zu fragen:

- Was lief diese Woche gut?
- Wo habe ich intuitiv gut geführt – und warum?
- Wo bin ich ins Reagieren statt ins Gestalten geraten?

Führung beginnt im Inneren. Wer sich selbst kennt und reflektiert, trifft bewusstere Entscheidungen, kommuniziert klarer und bleibt auch in Stresssituationen stabil.

Lernen als Haltung – nicht als To-do

Führungskompetenz entsteht nicht allein durch Seminare – sondern durch Haltung. Die Bereitschaft, sich weiterzuentwickeln, entsteht aus Neugier, Demut und echter Verantwortung.

Praktische Möglichkeiten zur Weiterentwicklung:

- **Mentoring oder Coaching** für dich selbst suchen
- **Micro-Learning** in den Alltag integrieren (z. B. Podcasts, kurze Fachartikel, inspirierende Gespräche)
- **Peer-Gruppen oder Austauschformate** mit anderen Führungskräften nutzen
- **Fehler als Lernchancen** begreifen – und offen damit umgehen

Es geht nicht darum, perfekt zu werden – sondern bewusst, klar und wach in deinem Führungsverhalten zu bleiben.

Praxisimpuls: Dein persönlicher Führungs-Kompass

Nimm dir einmal pro Monat 30 Minuten Zeit und beantworte folgende Fragen schriftlich:

1. Was war mein größter Entwicklungsschritt als Führungskraft im letzten Monat?
2. Welche Rückmeldung hat mich besonders bewegt – und warum?
3. Womit habe ich mich schwergetan – und was habe ich daraus gelernt?
4. Welche Fähigkeit oder Haltung möchte ich im nächsten Monat gezielt stärken?

Optional: Lege dir ein „Führungstagebuch" an, in dem du deine Erkenntnisse regelmäßig festhältst. So entsteht mit der Zeit ein persönlicher Kompass, der dich auch in herausfordernden Zeiten orientiert.

Beispiel aus der Praxis

Sabrina leitet ein interdisziplinäres Team in einem mittelständischen Unternehmen. Obwohl sie als kompetent und engagiert gilt, hat sie das Gefühl, dass ihr Team sie manchmal distanziert erlebt. Im Rahmen eines anonymen Teamfeedbacks erfährt sie, dass viele Mitarbeitende sich mehr persönliche Ansprache, offene Fragen und Raum für Diskussionen wünschen.

Sabrina reagiert nicht defensiv, sondern nutzt diese Rückmeldung: Sie beginnt, regelmäßig kurze Check-ins einzubauen, fragt bewusst nach Perspektiven im Team und zeigt mehr von sich selbst. Nach einigen Wochen merkt sie: Die Atmosphäre hat sich gewandelt. Das Feedback hat sie nicht verunsichert – sondern gestärkt.

Fazit: Deine Entwicklung ist dein Erfolg

Dein Führungsstil ist kein starres Modell, sondern ein lebendiger Prozess. Und dieser Prozess braucht Pflege, Zeit und Mut zur Veränderung. Die Bereitschaft, zu lernen und zu wachsen, ist der Schlüssel zu echter Wirksamkeit – für dich und für dein Team.

Denn: Wer sich selbst ernst nimmt, gibt anderen die Erlaubnis, das ebenfalls zu tun. Wer wächst, inspiriert Wachstum. Und wer lernt, bleibt kraftvoll – auch in unsicheren Zeiten.

Kapitel 12: Unter Gleichgesinnten – Zusammenarbeit zwischen Führungskräften

Warum starke Führungsgemeinschaften den Unterschied machen

Führung muss keine einsame Disziplin sein. Gerade in herausfordernden Zeiten zeigt sich, wie wertvoll ein stabiles Netzwerk aus Gleichgesinnten ist. Der Austausch mit anderen Führungskräften bringt neue Impulse, Perspektivwechsel und entlastet emotional. Wer gemeinsam denkt, handelt oft klarer – und führt nachhaltiger.

Eine starke Führungsgemeinschaft stärkt deine Position, erweitert deinen Horizont und gibt dir Rückhalt, wenn Entscheidungen schwerfallen. Sie erinnert dich daran, dass du nicht alles alleine tragen musst.

Netzwerke aufbauen – wie echte Verbindung entsteht

Netzwerke entstehen nicht durch Visitenkarten oder LinkedIn-Kontakte, sondern durch echten Austausch. Das bedeutet: sich zeigen, zuhören, Erfahrungen teilen – auch die schwierigen.

So baust du ein wirksames Führungskräftenetzwerk auf:

- Suche aktiv nach Austauschformaten, z. B. Mastermind-Gruppen, Foren oder Business Circles

- Biete selbst Gesprächsräume an – ein gemeinsamer Kaffee kann reichen
- Sei offen für Führungskräfte außerhalb deiner Branche – Vielfalt inspiriert
- Teile ehrlich, was dich beschäftigt – das schafft Vertrauen und Verbindung

Gemeinsam wachsen: Wie Führungskräfte voneinander lernen

Der Blick von außen hilft oft mehr als jede interne Analyse. Wenn andere Führungskräfte ähnliche Herausforderungen meistern, entsteht gegenseitige Ermutigung und Inspiration. Du wirst überrascht sein, wie viel du mit anderen teilst – und wie entlastend es ist, nicht perfekt sein zu müssen.

Beispiele für gemeinsamen Lernraum:

- Fallbesprechungen aus der Führungspraxis
- Co-Coaching mit Kolleginnen und Kollegen
- Sparring-Partner für kritische Entscheidungsphasen

Lernen durch andere heißt nicht, sich zu vergleichen – sondern sich zu verbinden.

Feedback unter Führungskräften – ein unterschätztes Werkzeug

Auch als Führungskraft brauchst du Rückmeldung. Doch oft fehlt im Alltag der passende Rahmen. Peer-Feedback kann hier Gold wert sein – vorausgesetzt, es ist ehrlich, wohlwollend und strukturiert.

Was gutes Feedback zwischen Führungskräften auszeichnet:

- Es basiert auf konkreten Situationen, nicht auf Pauschalurteilen
- Es benennt Wirkung, nicht nur Absicht
- Es wird im Vertrauen gegeben – und im Vertrauen angenommen

☞ Ein einfacher Einstieg: Vereinbare mit einer Kollegin oder einem Kollegen ein regelmäßiges Reflexionsgespräch. Fragt euch gegenseitig: „Was hast du in letzter Zeit gelernt – und was willst du als Nächstes anders machen?"

Konstruktives Feedback annehmen und nutzen

Feedback ist keine Bewertung deines Wertes als Mensch – sondern ein Spiegel deiner Wirkung. Umso wichtiger ist es, mit offenem Ohr und innerer Stabilität zu hören.

Tipps für den Umgang mit Feedback:

- Höre aktiv zu, ohne sofort zu rechtfertigen
- Notiere zentrale Punkte und frage bei Unklarheiten nach
- Nimm dir Zeit zur Reflexion – nicht alles muss sofort umgesetzt werden
- Bedanke dich aufrichtig für Offenheit

92

Denn das größte Geschenk, das du dir und anderen machen kannst: aus Rückmeldung echtes Wachstum entstehen zu lassen.

Beispiel aus der Praxis

Jonas ist Abteilungsleiter in einem Konzern. Lange hat er das Gefühl, alle Herausforderungen allein schultern zu müssen. Erst durch die Teilnahme an einem internen Führungskräfteforum merkt er, wie sehr andere mit ähnlichen Themen ringen: Kommunikationsprobleme, Mitarbeitendenbindung, strategischer Druck. Der offene Austausch bringt ihn auf neue Ideen – und entlastet ihn mental. Besonders ein Peer-Tandem mit einer Kollegin aus einer anderen Abteilung hilft ihm, Entscheidungen strukturierter zu treffen.

Nach einigen Monaten merkt er: Er ist klarer, ruhiger und souveräner geworden. Nicht trotz, sondern wegen des Austauschs.

Praxisimpuls: Dein Führungsnetzwerk aktivieren

Plane dir diese Woche 20 Minuten Zeit ein und überlege:

1. Wer inspiriert mich in meiner Führungsarbeit?
2. Mit wem möchte ich gern wieder oder intensiver in Kontakt kommen?
3. Wo finde ich offene Formate für ehrlichen Austausch?

Tipp: Nimm dir vor, noch diese Woche **eine einzige Person** anzuschreiben – mit der Einladung zu einem Austausch.

Es muss kein großes Treffen sein. Ein Gespräch kann reichen, um dich zu verbinden.

Fazit: Führung braucht Gemeinschaft

Du musst nicht allein gehen. Gemeinsam mit anderen Führungskräften zu reflektieren, zu wachsen und voneinander zu lernen, macht dich stärker – nicht schwächer. Austausch schafft Perspektiven. Feedback eröffnet Wege. Und Verbindung gibt dir Rückenwind auf deinem Weg.

Du bist Führungskraft – und du bist Teil eines größeren Ganzen.

Bonus - Praxisbeispiel:

Vom Konkurrenzdenken zur echten Verbindung

Susanne ist Teamleiterin in einem mittelständischen Unternehmen. Lange Zeit hielt sie wenig von Austausch mit anderen Führungskräften – zu viel Konkurrenz, zu wenig Vertrauen. Doch als ihr Team durch mehrere personellen Veränderungen in eine schwierige Phase gerät, beginnt sie, sich im unternehmensinternen „Leadership-Circle" einzubringen.

Dort schildert sie offen ihre Situation – und wird nicht belächelt, sondern verstanden. Eine erfahrene Kollegin schlägt ihr eine Methode zur strukturierten Rollenklärung vor, ein anderer empfiehlt ein Buch, das ihm bei ähnlichen Dynamiken geholfen hat.

Innerhalb weniger Wochen wendet Susanne erste Impulse an – mit Erfolg. Die Teamstimmung bessert sich, sie fühlt sich nicht mehr isoliert. Der größte Gewinn für sie? Das Bewusstsein: Auch Führung darf verletzlich, lernend und verbunden sein.

Infobox: Was ist ein Leadership-Circle?

Ein *Leadership-Circle* ist ein kollegiales Austauschformat für Führungskräfte. In regelmäßigen Treffen – intern oder extern moderiert – reflektieren die Teilnehmenden ihre Führungspraxis, besprechen aktuelle Herausforderungen und lernen voneinander.

Im Mittelpunkt steht der ehrliche Dialog auf Augenhöhe – frei von Bewertung, aber reich an Impulsen. Durch diese Form des kollegialen Coachings entsteht ein geschützter Raum für persönliches Wachstum, neue Perspektiven und nachhaltige Entwicklung als Führungskraft.

Ein Leadership-Circle stärkt nicht nur die einzelnen Beteiligten, sondern auch die Führungskultur im gesamten Unternehmen.

Kapitel 13: Dein Führungsstil, dein Erfolg

Vertrauensbasierte vs. kontrollorientierte Führung

Variante A: Kontrollorientierte Führung mit geringem Vertrauensfokus
Ein Teammitglied leistet in letzter Zeit weniger. Die Führungskraft geht sofort davon aus, dass es sich um mangelnde Motivation handelt, spricht das Problem im Teammeeting an und verhängt mehr Kontrolle. Das Klima verschlechtert sich, das Teammitglied zieht sich zurück und kündigt Monate später.

Variante B: Vertrauensbasierte, entwicklungsorientierte Führung
Die Führungskraft bemerkt die Veränderung frühzeitig und sucht das Gespräch im vertraulichen Rahmen. Dabei stellt sich heraus, dass das Teammitglied mit privaten Belastungen kämpft. Gemeinsam werden Maßnahmen besprochen – etwa eine temporäre Aufgabenanpassung. Das Vertrauen wächst, die Leistung stabilisiert sich.

> **Infobox: Was gute Führung ausmacht,**
> - zuhören, bevor man urteilt
> - Entwicklung statt Kontrolle fördern
> - Menschen in ihrer Lebensrealität sehen
> - Vertrauen und klare Kommunikation kombinieren

Warum dein individueller Stil dein größter Erfolgsfaktor ist

In einer zunehmend komplexen und dynamischen Arbeitswelt wird dein individueller Führungsstil zum entscheidenden Erfolgsfaktor. Standardlösungen funktionieren immer weniger – gefragt sind Führungspersönlichkeiten, die sich und andere reflektiert, authentisch und situationsgerecht führen können. Dein Stil ist nicht nur ein Ausdruck deiner Persönlichkeit, sondern beeinflusst direkt, wie dein Team performt, kommuniziert und sich entwickelt.

Authentische Führung als Schlüssel zur Teamentwicklung

Wenn du dich selbst gut kennst, deine Werte lebst und klar kommunizierst, bist du als Führungskraft glaubwürdig. Authentizität bedeutet dabei nicht, immer perfekt zu sein, sondern nachvollziehbar, konsistent und menschlich zu führen. Genau das brauchen Teams – einen Orientierungspunkt, an dem sie sich ausrichten können, auch wenn der Wind stärker weht.

Vergleich zweier Führungsansätze

Stell dir vor, zwei Führungskräfte, Lena und Markus, übernehmen jeweils ein neues Team:

Lena führt mit Klarheit, Offenheit und Interesse an ihren Mitarbeitenden. Sie fragt nach Feedback, gibt selbst welches und steht auch in schwierigen Momenten transparent zur Verfügung. Die Mitarbeitenden fühlen sich gesehen, ihre Motivation steigt.

Markus hingegen bleibt eher distanziert, kontrolliert stark, gibt unklare Ziele vor und scheut direkte Kommunikation. Schon nach wenigen Wochen sinkt die Stimmung im Team. Entscheidungen werden nicht mitgetragen, die Kündigungsrate steigt.

Beide Führungskräfte bringen Fachwissen mit – doch nur Lena schafft es, daraus wirksame Teamführung zu gestalten. Der Unterschied: ihr individueller, reflektierter Führungsstil.

Praxisbeispiel: Führung in der Veränderung

Nach einer Umstrukturierung im Unternehmen sollte das Team von Sabine neue Prozesse umsetzen. Statt den Druck ungefiltert weiterzugeben, holte sie das Team in einer offenen Runde ab, hörte zu, fragte gezielt nach Unsicherheiten und schuf gemeinsam mit den Mitarbeitenden neue Routinen.

Die Folge: nicht nur ein erfolgreicher Übergang, sondern auch ein gestärktes Wir-Gefühl. Sabines Stil war nicht angepasst – sondern angepasst geführt.

Infobox: Merkmale eines wirkungsvollen Führungsstils

- **Klarheit in der Kommunikation**
- **Echtes Interesse am Menschen**
- **Reflektierte Selbstführung**
- **Mut zu Entscheidungen**
- **Präsenz und Ansprechbarkeit**
- **Lernbereitschaft und Entwicklungsoffenheit**

Tipps für langfristigen Erfolg

Langfristig erfolgreich zu führen heißt, sich selbst immer wieder neu zu hinterfragen und weiterzuentwickeln. Suche dir Feedback, beobachte, wie dein Stil wirkt, und bleibe neugierig. Dein Führungsstil ist kein fertiges Konzept – sondern ein lebendiger Prozess.

Kapitel 14:

Schwierige Mitarbeitertypen souverän führen

Alltagssituationen souverän meistern

In jedem Team gibt es sie: Mitarbeitende, die immer wieder herausfordern. Sie fordern viel, liefern wenig, kritisieren ständig oder untergraben das Teamklima. Für Führungskräfte ist der Umgang mit solchen Typen besonders anspruchsvoll – aber auch eine Chance zur Weiterentwicklung. Hier findest du typische Situationen aus dem Alltag und wie du souverän und wirksam darauf reagieren kannst.

Der permanent Unzufriedene

Mitarbeiter A äußert bei jeder Gelegenheit, was ihn stört – Prozesse, Entscheidungen, Kollegen. Lösungen bringt er selten ein. Das Team wird zunehmend genervt.

Lösungsansatz: Hole die Person in einem Vier-Augen-Gespräch ab. Frage gezielt nach konkreten Verbesserungsvorschlägen und mache deutlich, dass konstruktives Feedback willkommen ist, ständiges Klagen jedoch das Team belastet. Vereinbart gemeinsam eine Feedbackstruktur (z. B. monatliche Reflexionsrunden).

Der Dauerfordernde

Mitarbeiterin B verlangt ständig Sonderregelungen, neue Technik, mehr Freiheiten – ohne Rücksicht auf Ressourcen oder Teamharmonie.

Lösungsansatz: Schaffe Klarheit über Spielräume und Grenzen. Lade zur Perspektivübernahme ein: Wie wirken die ständigen Forderungen auf das Team? Fordere ein ausgewogenes Geben und Nehmen ein.

Der Überhebliche und Spalterische

Mitarbeiter C hält sich für den Besten und kommentiert die Leistung anderer regelmäßig abfällig. Das Teamklima leidet, Kollegen ziehen sich zurück.

Lösungsansatz: Deutliche Rückmeldung im Einzelgespräch – mit Fokus auf Wirkung des Verhaltens. Stärke die Teamwerte in Meetings, mache respektvolle Kommunikation zur Regel. Zeige, dass Führungsstärke auch heißt, Grenzen zu setzen – freundlich, aber bestimmt.

Übungen zu den Beispielen

Unzufriedene Mitarbeitende
- Notiere in einem ruhigen Moment alle Situationen, in denen die betreffende Person Unzufriedenheit äußert.
- Frage dich sich: Geht es um Inhalte, Strukturen oder persönliche Themen?
- Führe ein Gespräch mit dem Ziel, das Bedürfnis hinter der Unzufriedenheit zu verstehen.
- Formuliere gemeinsam eine Maßnahme, die zur Verbesserung beitragen kann.

Fordernde Mitarbeitende
- Notiere typische Forderungen und reflektiere, was dahinter steckt – Sicherheitsbedürfnis, Anerkennung, Kontrolle?
- Formuliere ein Feedbackgespräch, in dem du das Verhalten sachlich spiegeln.
- Vereinbare klare Grenzen und Zuständigkeiten für zukünftige Zusammenarbeit.

Überhebliche Mitarbeitende

- Beobachten konkrete Situationen, in denen Überheblichkeit spürbar wird.
- Suche ein Einzelgespräch und frage nach der Selbstwahrnehmung des Mitarbeitenden.
- Arbeite mit dem Konzept der „Wirkung vs. Absicht" – was kommt wie an?
- Erarbeitet gemeinsam eine wertschätzende Kommunikationsform.

Negativ über andere sprechende Mitarbeitende

- Dokumentiere konkrete Aussagen ohne Bewertung.
- Führe ein vertrauliches Gespräch mit Fokus auf Teamkultur und Respekt.
- Stelle Verhaltensregeln im Team auf und reflektiere diese regelmäßig.

Checkliste für den Umgang mit schwierigen Mitarbeitenden

✗ Habe ich das Verhalten klar von der Person getrennt?
✗ Habe ich sachlich und zeitnah Feedback gegeben?
✗ Habe ich das Gespräch vorbereitet und strukturiert geführt?
✗ Habe ich den Mitarbeitenden einbezogen und nach Lösungen gefragt?
✗ Habe ich klare Vereinbarungen getroffen und dokumentiert?
✗ Habe ich Folgegespräche oder Nachjustierung vorgesehen?

Meine Notizen hierzu:

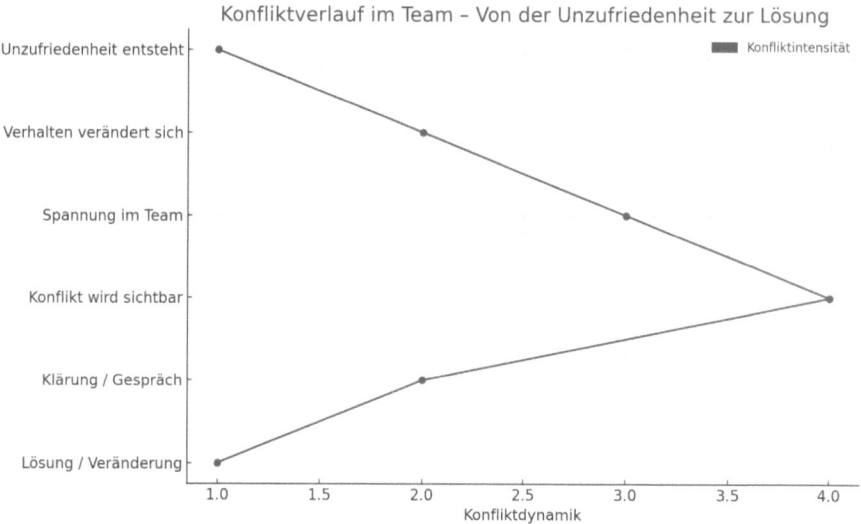

Hier siehst du eine Visualisierung des typischen Konfliktverlaufs im Team – von der aufkeimenden Unzufriedenheit bis zur Klärung.

Doch sehen wir uns das an einem praxisbezogenen Beispiel noch einmal genauer an.

Praxisdialog – Thema: Unzufriedenheit im Team

Kontext:
Mitarbeiterin Lara wirkt seit einigen Wochen unmotiviert, bringt vermehrt kritische Kommentare ein und äußert sich negativ über Arbeitsabläufe und andere Kolleg:innen. Die Führungskraft (Herr Weigert) lädt sie zu einem persönlichen Gespräch ein.

Herr Weigert (Führungskraft):
„Lara, danke, dass du dir die Zeit für dieses Gespräch nimmst. Ich habe in den letzten Wochen gemerkt, dass du oft angespannt wirkst und auch häufiger Kritik äußerst. Das möchte ich nicht übergehen, sondern gern offen mit dir besprechen. Wie geht es dir aktuell bei uns im Team?"

Lara (Mitarbeiterin):
„Ganz ehrlich? Ich bin einfach oft genervt. Ich habe das Gefühl, dass ich die ganze Arbeit mache, während andere sich zurücklehnen. Und dann soll ich auch noch freundlich bleiben."

Herr Weigert:
„Danke für deine Offenheit. Es ist mir wichtig, dass du dich im Team gesehen und ernst genommen fühlst. Was genau löst dieses Gefühl bei dir aus? Gibt es konkrete Situationen?"

Lara:
„Letzte Woche zum Beispiel – ich war die Einzige, die Überstunden gemacht hat, während andere pünktlich gegangen sind. Es wird nicht geschaut, wer sich wie einbringt."

Herr Weigert:

„Das kann frustrierend sein, besonders wenn Engagement nicht wertgeschätzt wird. Ich möchte verstehen: Geht es dir dabei mehr um eine gerechtere Aufgabenverteilung oder um Anerkennung für deinen Einsatz?"

Lara:

„Beides, ehrlich gesagt. Ich will nicht das Gefühl haben, ausgenutzt zu werden."

Herr Weigert:

„Das verstehe ich. Ich schlage vor, dass wir gemeinsam die Aufgabenverteilung im Team durchgehen und schauen, ob es unausgewogene Bereiche gibt. Und ich nehme auch mit, dass ich dein Engagement stärker sichtbar machen und würdigen möchte. Ist das für dich ein gangbarer erster Schritt?"

Lara:

„Ja, das wäre gut. Ich will ja gar nicht immer meckern – ich will einfach das Gefühl haben, dass es fair zugeht."

Herr Weigert:

„Das ist absolut nachvollziehbar. Ich danke dir für dein Vertrauen. Ich werde das auch als Führungskraft weiter beobachten und mit dem Team kommunizieren. Wir bleiben im Austausch, ja?"

Lara:

„Gerne. Danke, dass Sie das ernst nehmen."

⸰ Fazit:

Die Führungskraft zeigt Empathie, geht nicht in Konfrontation, sondern lädt zu ehrlicher Reflexion ein. Durch konkrete Nachfragen und lösungsorientiertes Denken entsteht ein konstruktives Klima, in dem Unzufriedenheit benannt und produktiv gewendet werden kann.

Übung: Das 3-Schritte-Gespräch bei Unzufriedenheit

Diese Übung hilft dir, in angespannten Gesprächen mit unzufriedenen Mitarbeitenden strukturiert, wertschätzend und lösungsorientiert zu bleiben.

1. Wahrnehmen – nicht urteilen:
Formuliere eine wertfreie Beobachtung.
Beispiel: „Ich habe bemerkt, dass du dich in letzter Zeit häufiger kritisch äußerst und in Meetings eher zurückhältst."

2. Verstehen – nicht verteidigen:
Stelle offene Fragen, höre aktiv zu.
Beispiel: „Was beschäftigt dich gerade besonders? Was genau stört dich?"

3. Klären und konkretisieren:
Biete einen nächsten Schritt an und vereinbare ein Folgegespräch.
Beispiel: „Lass uns schauen, wie wir deine Anliegen konkret angehen können. Was wäre für dich ein spürbarer erster Schritt zur Verbesserung?"

Tipp: Schreibe dir nach dem Gespräch 2–3 kurze Notizen mit Beobachtungen, Vereinbarungen und möglichen Follow-ups.

☑ Checkliste: Führung bei Unzufriedenheit im Team

Nutze diese Checkliste als Reflexionshilfe – vor, während und nach schwierigen Gesprächen.

Frage	Erle-digt?
Habe ich die Situation wertfrei beobachtet, ohne Vorwürfe?	☐
Habe ich die Mitarbeitenden ernst genommen und aktiv zugehört?	☐
Habe ich offene Fragen gestellt, statt Hypothesen aufzustellen?	☐
Habe ich die Ursachen differenziert hinterfragt (Fakten, Gefühle, Bedürfnisse)?	☐
Habe ich eine lösungsorientierte Haltung gezeigt?	☐
Wurden konkrete Vereinbarungen getroffen (z. B. Feedbackrunde, Aufgabenabgleich)?	☐
Habe ich einen Folgetermin oder eine Rückmeldung vereinbart?	☐

Reflexionsfrage zum Abschluss:

Wie wirke ich als Führungskraft auf mein Team, wenn es emotional wird – und wie möchte ich in solchen Momenten wahrgenommen werden?

Konfliktdynamik im Team

Verhärtung des Konflikts

Zunehmende Spannungen

Entstehung von Differenzen

♻ Teamdynamik verstehen: Phasen, Rollen und   Spannungen

Jedes Team durchläuft bestimmte **Entwicklungsphasen**, die mit typischen Herausforderungen verbunden sind. Diese Dynamik zu kennen, hilft dir als Führungskraft, klug zu steuern und gezielt zu intervenieren.

Die vier klassischen Teamphasen nach Tuckman:

1. **Forming** – Orientierung
   Die Gruppe lernt sich kennen, Rollen und Regeln sind noch unklar.
2. **Storming** – Konflikt
   Unterschiedliche Meinungen, Machtkämpfe, erste Reibungen tauchen auf.
3. **Norming** – Struktur
   Ein Wir-Gefühl entsteht, Aufgaben und Verantwortlichkeiten klären sich.
4. **Performing** – Leistung
   Das Team arbeitet produktiv, vertrauensvoll und effizient zusammen.

🔍 Als Führungskraft erkennst du die Phase an typischen Verhaltensmustern – und kannst je nach Situation moderieren, strukturieren oder loslassen.

📓 Praxisbeispiel: Der Teamkonflikt in der Storming-Phase

Situation:
Ein neu zusammengesetztes (Projekt-)team steckt nach zwei Monaten in der „Storming"-Phase. Zwei Mitarbeitende – Sarah und Jonas – geraten immer wieder aneinander. Sarah fühlt sich von Jonas übergangen, Jonas empfindet Sarah als zu kontrollierend. Andere Teammitglieder ziehen sich zurück.

Führungsintervention:
Die Teamleitung erkennt die angespannte Lage. Statt den Konflikt zu ignorieren, wird ein moderiertes Teamgespräch initiiert.

Ziel: Emotionen benennen, Rollen klären, gemeinsame Werte definieren.

Verlauf und Lösung:

- Die Führungskraft benennt offen die Beobachtungen („Ich nehme wahr, dass Spannungen im Raum sind...").
- Jede Person erhält Raum für ihre Sichtweise – unter Einhaltung klarer Gesprächsregeln.
- Gemeinsam werden Erwartungen an Zusammenarbeit gesammelt und schriftlich fixiert.
- Sarah und Jonas führen im Anschluss ein separates Klärungsgespräch mit der Führungskraft.

Ergebnis:
Das Team kommt aus der Blockade, weil der Konflikt nicht mehr tabuisiert wird. Es entsteht eine neue Gesprächskultur – und das Vertrauen wächst spürbar.

TEAMROLLEN-ÜBERSICHT

Macher   Spezialist   Wegbereiter

Koordinator   Teamarbeiter   Erfinder

Beobachter   Perfektionist   Umsetzer

Für alle, die sicht nur arbeiten, sondern auch wirken wollen.

Teamrollen – kurz erklärt

1. **Macher (Umsetzer)**
   Zielorientiert, organisiert, praktisch. Setzt Ideen in konkrete Pläne um und sorgt dafür, dass Aufgaben erledigt werden.

2. **Koordinator**
   Ruhiger Anführer, der das große Ganze im Blick behält. Delegiert effektiv und bringt Menschen zusammen.
3. **Erfinder (Neuerer)**
   Kreativ, innovativ, ideenreich. Bringt neue Lösungsansätze ein und denkt „out of the box".
4. **Beobachter (Beobachtender Evaluierer)**
   Analytisch, objektiv, strategisch. Bewertet Optionen nüchtern und trifft überlegte Entscheidungen.
5. **Teamarbeiter (Mitspieler)**
   Unterstützend, kooperativ, diplomatisch. Fördert Harmonie und gleicht Spannungen im Team aus.
6. **Perfektionist**
   Genau, gewissenhaft, qualitätsorientiert. Achte auf Details und sorgt für einwandfreie Ergebnisse.
7. **Weichensteller (Wegbereiter)**
   Enthusiastisch, kommunikativ, extrovertiert. Knüpft Kontakte, bringt Dynamik ins Team und entdeckt neue Chancen.
8. **Spezialist**
   Fachlich tief fundiert. Bringt spezifisches Expertenwissen ein und sorgt für technisches Know-how.
9. **Wegbereiter (Macher im Außen)**
   Kontaktfreudig, energisch. Überwindet Hürden und bringt Projekte durch Netzwerken voran.

Jede Rolle hat ihre Stärken – und auch potenzielle Schwächen. Teams sind am leistungsfähigsten, wenn sie möglichst viele dieser Rollen abdecken und die jeweiligen Eigenschaften bewusst einsetzen.

Praxisbeispiele zu Teamrollen

Beispiel 1: Fehlende Abstimmung im Projektteam
Ein Projekt droht zu scheitern, weil zwar viele kreative Ideen (Erfinder) eingebracht wurden, aber niemand Verantwortung für die Umsetzung übernimmt. Die Rolle des **Machers** ist nicht besetzt – und das Projekt bleibt in der Ideensammlung stecken.

Lösung:
Eine Führungskraft erkennt das Ungleichgewicht, spricht es im Teammeeting an und bittet gezielt einen strukturierten Kollegen, die Rolle des Umsetzers zu übernehmen. Das Team ergänzt sich nun besser, die Aufgaben bekommen Struktur, das Projekt kommt in Gang.

Beispiel 2: Spannungen trotz guter Ergebnisse
In einem fachlich starken Team kommt es regelmäßig zu zwischenmenschlichen Reibungen. Einzelne fühlen sich übergangen, der Ton ist scharf. Ein **Teamarbeiter** fehlt – jemand, der moderiert, vermittelt und die soziale Dynamik stärkt.

Lösung:
Nach einer gemeinsamen Reflexion wird klar: Die Fachkompetenz ist da, aber es fehlt jemand, der für Zusammenhalt sorgt.

Die Führungskraft fördert eine bisher stille Kollegin, die über hohe soziale Intelligenz verfügt, zur aktiven Vermittlerin im Team.

Beispiel 3: Perfektionismus blockiert Fortschritt

Ein Perfektionist im Team überarbeitet Präsentationen wieder und wieder. Termine verzögern sich, andere Teammitglieder werden ungeduldig.

Lösung:

Im 1:1-Gespräch erklärt die Führungskraft, wie wichtig seine Qualitätssicherung ist, aber ermutigt ihn, mit einem **Beobachter** zusammenzuarbeiten, der helfen kann, Prioritäten zu setzen. So wird der Qualitätsanspruch eingebettet in ein realistischeres Zeitmanagement.

Übung: Reflexion der Teamrollen

Ziel: Die Rollenverteilung im Team sichtbar machen und bewusst reflektieren.

Anleitung:

1. Drucke eine Übersicht der neun Belbin-Rollen aus oder nutze ein Online-Tool.
2. Bitte jedes Teammitglied, sich selbst einzuschätzen: „Welche Rolle(n) nehme ich häufig ein?"
3. In einer zweiten Runde: Die Teammitglieder schätzen jeweils eine andere Person im Team ein (Fremdbild).
4. Vergleich: Wo stimmen Selbst- und Fremdbild überein? Wo gibt es Überraschungen?
5. Diskussion im Team:
   - Welche Rollen sind stark vertreten?
   - Wo gibt es Lücken?
   - Wie wirken sich diese Rollenverteilungen auf die Zusammenarbeit aus?

Hinweis:
Die Übung fördert nicht nur Selbsterkenntnis, sondern auch gegenseitiges Verständnis. Sie ist besonders wirksam in neuen Teams, bei Umstrukturierungen oder wenn es häufiger zu Spannungen kommt.

Tipp für die Führungskraft:

Behalte die Teamrollen im Blick – aber denke flexibel. Menschen entwickeln sich weiter und können in unterschiedlichen Situationen verschiedene Rollen einnehmen. Die Kunst liegt darin, Potenziale zu erkennen und gezielt zu fördern, ohne Rollen festzuschreiben.

!

Achtung:

Wechsel der Führungskraft – ein sensibler Prozess

Ein Wechsel in der Führungsebene kann für ein Team eine Phase der Unsicherheit oder sogar des Widerstands bedeuten. Mitarbeitende, die sich an einen bestimmten Führungsstil gewöhnt haben, reagieren oft sensibel auf neue Dynamiken, Erwartungen oder Kommunikationsweisen. Deshalb ist es entscheidend, einen Führungswechsel nicht dem Zufall zu überlassen – sondern bewusst zu gestalten.

Mitarbeitende vorbereiten und einbinden

Ein gelungener Führungswechsel beginnt mit Transparenz. Informiere dein Team frühzeitig, klar und offen über den anstehenden Wechsel. Idealerweise wird der Übergang gemeinsam gestaltet – mit Raum für Fragen, Erwartungen und Befürchtungen. So entsteht keine Gerüchteküche, sondern ein Dialog.

Tipp: Wenn möglich, lass alte und neue Führungskraft in der Übergangszeit gemeinsam auftreten. Das schafft Sicherheit und Vertrauen.

Klare Regeln, klare Haltung

Mit dem Wechsel der Führungskraft ändern sich oft auch Abläufe, Prioritäten oder Kommunikationsstile. Um Orientierung zu bieten, ist es wichtig, gemeinsam neue Spielregeln zu formulieren – im Sinne eines fairen, respektvollen und klaren Miteinanders. Das bedeutet nicht starre Kontrolle, sondern transparente Rahmenbedingungen.

Fragen, die du dir als neue Führungskraft stellen solltest:

- Was braucht dieses Team, um Vertrauen aufzubauen?
- Wo braucht es klare Grenzen, um Arbeitsfähigkeit zu sichern?
- Welche Werte möchte ich vorleben?

Zugehörigkeit schaffen

Ein starkes Teamgefühl entsteht nicht durch Titel – sondern durch Zugehörigkeit. Gerade in Übergangsphasen ist es hilfreich, Rituale oder gemeinsame Zielbilder zu etablieren. Plane gezielt einen Workshop, einen Teamtag oder ein gemeinsamer Kick-off. Gib den Menschen Raum, dich kennenzulernen – und sich mit dir zu verbinden.

Übung: Der 30-Tage-Plan für neue Führungskräfte

Erstelle einen Plan mit folgenden Schritten:

1. Woche 1: Zuhören – Einzelgespräche mit allen Teammitgliedern führen.
2. Woche 2: Beobachten – Teamroutinen, Kommunikationsflüsse und Konfliktfelder erfassen.
3. Woche 3: Gemeinsam – Teammeeting mit Feedbackrunde und Sammlung von Erwartungen.
4. Woche 4: Positionieren – Erste Impulse setzen, Ziele benennen und Klarheit schaffen.

📌 **Merke:** Ein gut geplanter Führungswechsel reduziert Unsicherheiten, baut Vertrauen auf und stärkt das Wir-Gefühl von Anfang an. Führung beginnt nicht mit Autorität – sondern mit Beziehung.

Bonuskapitel: Mehr Gehalt – Klare Führung in sensiblen Momenten

Immer wieder werde ich in Vorträgen nach ein und derselben Thematik gefragt: „Gehaltsverhandlungen, wie mach ich das am besten?"

Gehaltsgespräche gehören zu den sensibelsten Momenten im Führungsalltag. Sie verlangen Klarheit, Fairness und ein feines Gespür für die Situation.

Wenn Mitarbeitende mehr Gehalt fordern, geht es selten nur ums Geld. Oft spiegeln sich dahinter Anerkennungsbedürfnisse, der Wunsch nach Wertschätzung oder eine empfundene Schieflage im Verhältnis von Leistung und Gegenleistung.

Gute Führung zeigt sich genau hier: in der Fähigkeit, zuzuhören und hinhören, zu verstehen und transparent zu kommunizieren – auch dann, wenn die Antwort vielleicht nicht das ist, was das Gegenüber erwartet.

Starten wir hier mit einem Beispiel.

Praxisbeispiel: Das Gespräch mit Miriam

Miriam ist seit drei Jahren im Unternehmen, engagiert, beliebt im Team und übernimmt regelmäßig Zusatzaufgaben. Sie bittet um ein Gespräch mit ihrer Führungskraft.

Miriam: 'Ich bin mit meiner Arbeit sehr zufrieden – aber ich wünsche mir eine Gehaltserhöhung. Ich habe das Gefühl, mein Einsatz wird nicht angemessen honoriert.'

Führungskraft: 'Danke, dass du das offen ansprichst, Miriam. Lass uns gemeinsam auf deine Entwicklung und deinen Beitrag schauen. Ich möchte verstehen, was dir besonders wichtig ist und prüfen, welche Möglichkeiten wir haben.'

In der Folge wird gemeinsam reflektiert, welche Leistungen Miriam erbracht hat, wie sich das mit anderen Rollen im Team verhält und welche Weiterentwicklungsmöglichkeiten bestehen – auch jenseits des Gehalts.

Wichtig: Eine Führungskraft muss nicht immer sofort mit Zahlen reagieren. Wertschätzung zeigt sich auch durch das ernsthafte Prüfen der Anliegen, Transparenz über Entscheidungswege und das Aufzeigen von Perspektiven.

Checkliste für dein Gehaltsgespräch als Führungskraft

- Habe ich mir vor dem Gespräch einen Überblick über Leistung, Markt und Rahmenbedingungen verschafft?

- Bin ich bereit, aktiv zuzuhören, bevor ich reagiere?

- Kommuniziere ich transparent und wertschätzend – auch bei einem Nein?

- - Zeige ich Perspektiven auf – sei es fachlich, finanziell oder in Bezug auf Entwicklung?

Im Detail:

Einwandsbehandlung bei Gehaltsverhandlungen
Empathisch, klar und souverän führen

Mitarbeitende äußern ihren Wunsch nach mehr Wertschätzung, Entwicklung oder schlicht besserer Bezahlung. Doch was tun, wenn du als Führungskraft den Wunsch nicht (sofort) erfüllen kannst?

1. Grundhaltung: Zuhören, nicht abwehren

Ein Einwand ist kein Angriff – sondern ein Ausdruck eines Bedürfnisses. Nimm ihn ernst. Bleib ruhig, offen und verbindlich.

Beispielhafte Einwände:

- „Ich bin überzeugt, dass meine Leistung mehr wert ist."
- „Andere im Team verdienen mehr."
- „Ich habe ein besseres Angebot von einem anderen Unternehmen."

2. Empathisch reagieren

Zeige Verständnis – ohne sofort zuzustimmen.

Beispielantwort:
„Ich verstehe, dass dir das Thema wichtig ist – und ich schätze es, dass du es offen ansprichst."

3. Fakten klären

Kläre, worauf sich der Wunsch stützt. Geht es um Marktvergleiche, gefühlte Ungleichbehandlung oder Entwicklungserfolge?

Frage:
„Magst du mir genauer sagen, wie du zu deiner Einschätzung kommst?"

4. Rahmen erklären

Erkläre offen, welche Spielräume es aktuell gibt – und welche nicht.

Beispiel:
„Im Moment sind unsere Budgets begrenzt, aber ich möchte gemeinsam mit dir schauen, welche Entwicklungsschritte wir sichtbar machen können."

5. Lösungsorientiert bleiben

Wenn kein sofortiger Gehaltsanstieg möglich ist, biete Alternativen an:

- Entwicklungsgespräche mit konkreten Zielen
- Perspektive für ein späteres Gespräch
- Bonus- oder Weiterbildungsoptionen

Beispiel:
„Ich kann dir heute kein höheres Gehalt zusagen. Aber ich schlage vor, wir definieren gemeinsam drei messbare Ziele und sprechen in drei Monaten erneut."

Merksatz für Führungskräfte:

Ein Nein muss nicht hart sein – wenn es ehrlich, begründet und zukunftsorientiert formuliert ist, bleibt Vertrauen bestehen.

Reflexionsfragen für dich:

- Welche Haltung habe ich gegenüber Gehaltsforderungen?
- Wie gehe ich mit Vergleichsargumenten im Team um?
- Welche Alternativen kann ich bieten, wenn Gehalt nicht verhandelbar ist?

💡 Wert erkennen – bevor es zu spät ist

Bevor du ein „Nein" zu einer Gehaltsanpassung gibst, frage dich:

Was kostet mich das Nein – und was bringt mir ein Ja?

Eine erfahrene, engagierte Fachkraft zu halten ist oft günstiger als eine neue zu rekrutieren und einzuarbeiten.

🕛 *Rechenbeispiel zur Orientierung*

Angenommen, eine Mitarbeiterin bittet um 400 € brutto mehr im Monat – das sind etwa 4.800 € jährlich.

Ein Ersatz bei Kündigung könnte kosten:

- **Recruitingkosten (Stellenanzeige, Auswahl, Interviews):** ca. 2.000 €
- **Einarbeitung (Zeit anderer + Produktivitätsverlust):** ca. 6.000–10.000 €
- **Verlust an Wissen, Kundenbindung, Know-how:** kaum bezifferbar

➡️ Du sparst kurzfristig 400 € monatlich – riskierst aber mittelfristig Verluste von **über 10.000 €** plus Know-how-Verlust und Teaminstabilität.

Fazit:

Gute Mitarbeiter:innen sind <u>keine</u> Kosten – sie sind Investitionen. Wenn du das Potenzial siehst und ihre Loyalität schätzt, kann ein "Ja" zur Gehaltsanpassung langfristig klüger und wirtschaftlicher sein.

Vergleich: Kosten bei Gehaltsanpassung vs. Kündigung

400 €

monatlich mehr

Kosten der
Gehaltsanpassung

Über 10.000 €

plus Wissen

- Recruiting
- Einarbeitung

Produktivitätsverlust

Nel

Kapitel 15: Erste Hilfe für Führungskräfte - Ruhig bleiben, klar handeln

Überblick behalten in schwierigen Situationen

Als Führungskraft stehst du nicht selten im Zentrum turbulenter Entwicklungen. Ob plötzliche Personalwechsel, wirtschaftliche Einbrüche oder emotionale Spannungen im Team – in solchen Momenten kommt es auf dich an. Doch auch du bist nur ein Mensch. Deshalb ist die erste Regel in der Krise: Überblick bewahren.

Frage dich:

- Was ist gerade wirklich wichtig?
- Was kann warten?
- Wer braucht jetzt Orientierung?

Ein klarer Kopf entsteht nicht aus Druck, sondern aus innerer Klarheit. Atme durch, strukturiere deine Gedanken und beginne mit einem realistischen Überblick: Was ist Fakt, was Interpretation?

Stressbewältigung und Resilienz aufbauen

Resilienz bedeutet nicht, unverwundbar zu sein – sondern beweglich zu bleiben, auch wenn es stürmt. Du kannst Resilienz trainieren wie einen Muskel. Und du brauchst sie, um langfristig gesund und leistungsfähig zu führen.

Strategien zur Selbststärkung:

- **Pausen priorisieren:** 10 Minuten bewusst offline wirken Wunder.
- **Ressourcenliste anlegen:** Was hat dir in früheren Krisen geholfen?
- **Mentale Hygiene pflegen:** Erkenne Grübelschleifen – und lenke bewusst um (z. B. durch Journaling, Bewegung, Coaching).
- **Austausch suchen:** Führung darf einsam sein, muss es aber nicht. Peer-Netzwerke oder ein Sparringspartner helfen, neue Perspektiven zu finden.
- **…**mehr darüber findest du in meinen weiteren Büchern mit Hinweis am Ende dieses Buchs dazu

Krisenkommunikation: klar, empathisch, ehrlich

In schwierigen Zeiten braucht dein Team mehr von dir – nicht mehr Fachwissen, sondern mehr Haltung. Sag, was du weißt. Und was du nicht weißt. Erkläre Entscheidungen nachvollziehbar. Und zeige Empathie für Sorgen, auch wenn du sie nicht sofort lösen kannst.

> Bewährt hat sich die Kommunikationsformel:
> **„Klarheit + Empathie = Vertrauen"**

Beispiel:
„Ich weiß, dass diese Nachricht gerade viel auslöst. Wir stehen als Team vor Herausforderungen, aber wir gehen sie gemeinsam an. Ich bin für eure Fragen da."

Motivation im Team aufrechterhalten

Gerade in schwierigen Phasen verlieren Teams leicht den inneren Antrieb. Als Führungskraft kannst du das Ruder neu ausrichten – mit echter Aufmerksamkeit, Anerkennung und Sinn.

Kleine Maßnahmen mit großer Wirkung:

- **Fortschritte sichtbar machen:** „Was lief diese Woche gut?"
- **Ziele ins Jetzt holen:** Kurze Etappen statt ferne Visionen.
- **Erfolge würdigen:** Auch Zwischenschritte feiern.
- **Sinn aktivieren:** Warum tun wir, was wir tun?

Praxisbeispiel: Führen in der Krise

Ein Teamleiter in einem mittelständischen Betrieb wird kurzfristig mit einem Projektabbruch konfrontiert – ein Auftraggeber zieht sich zurück, finanzielle Unsicherheit droht.

Reaktion A: Panik, Druck auf das Team, Schuldzuweisungen. Folge: Verunsicherung, Rückzug, innere Kündigung.

Reaktion B: Offene Ansprache im Teammeeting. Klare Informationen. Gemeinsame Ideensammlung, wie Ressourcen neu genutzt werden können. Folge: Aktivierung, Zusammenhalt, neue Motivation.

Übung: Dein Notfall-Kit für stressige Führungstage

Erstelle deine persönliche Erste-Hilfe-Liste für herausfordernde Momente. Beantworte:

- Was hilft mir, sofort zur Ruhe zu kommen?
- Wer ist mein Ansprechpartner oder Sparringspartner?
- Welche drei Sätze stärken mich, wenn ich zweifle?
- Was will ich meinem Team auch in der Krise immer vermitteln?

💡 **Tipp:** Druck erzeugt Tunnelblick – Klarheit entsteht durch innere Ordnung. Geh bewusst raus aus dem Reaktionsmodus und rein in die bewusste Führung.

Strategien zur Stärkung der Resilienz

Pausen priorisieren

Ressourcenliste anlegen

Mentale Hygiene pflegen

Austausch suchen

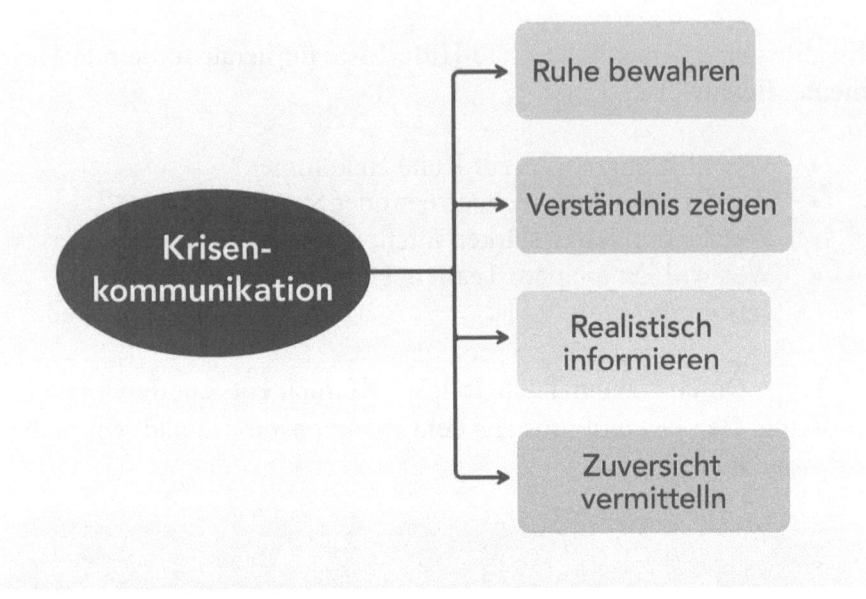

In Krisen wird Führung auf die härteste Probe gestellt – und gerade hier zeigt sich, was eine gute Führungskraft wirklich ausmacht. Sie wird zur stabilisierenden Kraft, zum Orientierungspunkt und zum Vorbild für Haltung und Handeln. Folgende Aspekte sind entscheidend:

1. Ruhe und Besonnenheit ausstrahlen

Eine Führungskraft, die in der Krise die Nerven behält, gibt dem Team Sicherheit. Das bedeutet nicht, Emotionen zu unterdrücken – sondern sie zu regulieren. Wer ruhig und strukturiert bleibt, signalisiert: *Wir haben die Lage im Blick. Wir handeln statt zu paniken.*

Stichwort: Emotionale Selbstführung. Nur wer sich selbst führt, kann andere durch Unsicherheit leiten.

2. Klarheit und Transparenz leben

In unübersichtlichen Situationen braucht es klare Worte. Menschen wollen wissen:

- Was ist passiert?
- Was bedeutet das für uns?
- Was wird jetzt getan?

Gute Führungskräfte kommunizieren **ehrlich, verständlich und kontinuierlich**. Sie verschweigen nichts, beschönigen nichts – aber sie bewahren die Perspektive.

3. Präsenz zeigen – auch emotional

Krisen verlangen Nähe. Nicht im physischen Sinne, sondern im Sinne von **empathischer Präsenz**:

- Ich bin da.
- Ich höre zu.
- Ich nehme eure Sorgen ernst.

Diese Haltung stärkt das Vertrauen und hilft, Unsicherheiten im Team abzufedern.

4. Entscheidungen treffen und Verantwortung übernehmen

In der Krise können nicht immer alle mitentscheiden. Es braucht Führungskräfte, die Prioritäten setzen, **schnelle Entscheidungen treffen** – und dafür geradestehen. Die Kunst liegt darin, **sachlich zu entscheiden** und dabei **menschlich zu bleiben.**

5. Hoffnung geben – realistisch, aber mutmachend

Eine Führungskraft sollte **nicht nur Probleme benennen, sondern auch Wege aufzeigen.** Hoffnung bedeutet nicht, naiv zu sein – sondern *Lösungsräume sichtbar zu machen.* Wer anderen zeigt: *Wir schaffen das gemeinsam,* stärkt den Teamzusammenhalt nachhaltig.

6. Vorbild sein

In der Krise zählt nicht nur, was gesagt wird – sondern wie man handelt. Führung heißt hier:

- Werte leben (Respekt, Offenheit, Mut)
- Verantwortung übernehmen
- Haltung zeigen, auch wenn es schwierig wird

Merksatz für Führungskräfte in Krisen:

"Ich bin ruhig, klar, präsent – und handlungsfähig."

📝 Reflexionsblatt:

Mein Führungsverhalten in der Krise

1. Emotionale Selbstführung

- Wie gehe ich aktuell mit meiner eigenen Unsicherheit um?
- Welche Gedanken oder Emotionen dominieren in belastenden Situationen?
- Was hilft mir konkret, ruhig und handlungsfähig zu bleiben?

✒ Antwort:

....
....
....

2. Kommunikation & Klarheit

- Wie klar und verständlich ist meine Kommunikation in schwierigen Situationen?
- Habe ich mein Team regelmäßig informiert und eingebunden?
- Wo könnte ich noch transparenter oder empathischer kommunizieren?

✒ Antwort:

....
....
....

3. Präsenz & Empathie

- Bin ich für mein Team gut erreichbar und ansprechbar?
- Wie zeige ich Mitgefühl, ohne mich zu überfordern?
- Welche Rückmeldungen habe ich zu meiner Wirkung erhalten?

✎ **Antwort:**

....
....
....

4. Entscheidungsstärke

- Welche Entscheidung habe ich zuletzt mutig getroffen?
- War sie nachvollziehbar begründet – auch für mein Team?
- Wo habe ich gezögert, und warum?

✎ **Antwort:**

....
....
....

5. Haltung & Vorbildfunktion

- Welche Werte habe ich in der Krise konkret vorgelebt?
- Was würde mein Team über meine Haltung in der aktuellen Situation sagen?
- Was möchte ich verbessern oder konsequenter leben?

✎ **Antwort:**

....

....

....

☑ **Kurzreflexion – mein persönliches Fazit**

- Was mache ich bereits gut in der Krisenführung?
- Wo sehe ich Potenzial zur Entwicklung?
- Welchen konkreten Schritt möchte ich in den nächsten 7 Tagen gehen?

✎ **Antwort:**

....

....

....

Dein Führungsstil – ein roter Faden mit Wirkung

In den Kapiteln zuvor hast du die zentralen Bausteine einer erfolgreichen, menschlichen und zukunftsfähigen Führung kennengelernt: Empathie, Charisma, Authentizität, Teamstärkung, Konfliktfähigkeit, klare Kommunikation und kontinuierliche Weiterentwicklung.

Du hast erfahren, wie sich dein persönlicher Stil nicht nur auf das Miteinander im Team, sondern auf Motivation, Innovation und langfristige Bindung auswirkt.

Du hast Werkzeuge erhalten, um deinen Führungsalltag bewusster zu gestalten – mit Mut, Klarheit und echtem Interesse am Menschen.

Und du hast gesehen: Führung beginnt bei dir. Bei deiner Haltung. Deiner Präsenz. Deiner Bereitschaft, dich selbst zu reflektieren und Verantwortung zu übernehmen – für deinen Einfluss und für die Atmosphäre, die du prägst.

Jetzt ist es an der Zeit, all das Gelernte zusammenzuführen – und auf den Punkt zu bringen:

Was macht deinen Führungsstil aus?
Und wie kann er zu deinem Schlüssel für nachhaltigen Erfolg werden?

Fazit – Dein einzigartiger Führungsstil als Schlüssel zum Erfolg

Führung weiterentwickeln

Führung ist kein starres Konzept. Sie ist ein lebendiger Prozess, der mit dir wächst – mit deinen Erfahrungen, deinem Umfeld und deinem Team. Dein Führungsstil ist so einzigartig wie du selbst. Und genau darin liegt seine Kraft.

Wahre Führung beginnt dort, wo du deine Haltung reflektierst, aus Fehlern lernst und bereit bist, dich stetig weiterzuentwickeln. Es geht nicht darum, ein Ideal zu erfüllen – sondern darum, ein Vorbild zu sein. Echt, lernbereit, präsent.

Der Einfluss deines Stils auf die Zukunft deines Unternehmens

Führung wirkt. Immer. Entweder als Inspiration – oder als Unsicherheit. Dein Stil entscheidet mit darüber, ob Menschen bleiben, sich entfalten, Verantwortung übernehmen. Oder ob sie sich zurückziehen, kündigen – innerlich oder real.

Was du als Führungskraft ausstrahlst, überträgt sich auf dein Team. Offenheit erzeugt Vertrauen. Klarheit gibt Orientierung. Wertschätzung stärkt Motivation.

Dein individueller Führungsstil ist damit nicht nur entscheidend für deinen persönlichen Erfolg – sondern für die Kultur, die du prägst. Für das Klima, in dem Leistung, Loyalität und Menschlichkeit sich nicht ausschließen, sondern gegenseitig beflügeln.

Dein Weg geht weiter

Führung endet nie. Sie ist ein tägliches Lernen, ein achtsames Hinsehen, ein mutiges Handeln. Jeder Tag bringt neue Situationen, Menschen, Herausforderungen – und damit neue Chancen, dein Führungsprofil zu schärfen.

Bleib dran. Bleib bei dir. Und vergiss nie: Es ist nicht die perfekte Strategie, die dich erfolgreich macht – sondern die Art, wie du sie mit Leben füllst.

Dein Führungsstil, Dein Erfolg!

🙏 Dank & Ausblick

Dieses Buch ist mehr als ein Leitfaden für Führung – es ist eine Einladung, dich selbst in deiner Rolle als Führungskraft neu zu entdecken. Mit Haltung statt Hektik. Mit Tiefe statt Taktik.

Mit dem Mut, du selbst zu sein – auch in herausfordernden Zeiten.

Danke, dass du diesen Weg gegangen bist. Für deine Zeit, deine Offenheit und dein Interesse an echter, wirksamer Führung.

Vielleicht hast du dir beim Lesen neue Fragen gestellt. Vielleicht hast du alte Muster erkannt oder neue Perspektiven gewonnen. Was auch immer du mitnimmst – ich wünsche dir, dass es dich stärkt. Für deinen Alltag, dein Team und deinen weiteren Weg.

Wenn du weiterdenken, vertiefen oder dich inspirieren lassen möchtest, findest du hier meine weiteren Bücher:

»Dein Wert bist du«
Ein Buch über Selbstwert, Klarheit und innere Stärke
• Buch: 9783759729729
• eBook: 9783759772220

»Dein Stress, deine Regeln!«
Ein ehrlicher Ratgeber für mehr Leichtigkeit im Alltag
• Buch: 9783769398137
• eBook: 9783819216718

»Dein Job, dein Rhythmus!«
Work-Life-Balance neu gedacht – zwischen Zoom und innerer Klarheit
• Buch: 9783819227615
• eBook: 9783819237799

Ich freue mich, wenn wir uns wieder begegnen – in einem dieser Bücher, in einem Workshop, Vortrag oder im richtigen Moment.

Bleib dir treu – und deinem Führungsstil nah.

Herzlich
Nicole Jung

Schau auf meine Autorenseite: https://www.nicole-jung.de

Folge mir auf Tiktok und facebook unter: **writer.coach**

Buchempfehlungen

„Reinventing Organizations" – Frederic Laloux
Ein visionärer Klassiker über selbstorganisierte Unternehmen, Sinnorientierung und neue Formen der Zusammenarbeit.

„Führen, Leisten, Leben" – Fredmund Malik
Ein praxisnaher Leitfaden für verantwortungsvolle und systematische Führung in dynamischen Zeiten.

„Radical Candor" – Kim Scott
Wie du als Führungskraft ehrlich, klar und gleichzeitig empathisch kommunizierst – ohne zu verletzen.

„Emotionale Intelligenz" – Daniel Goleman
Ein Meilenstein in der Persönlichkeitsentwicklung – warum EQ für Führung mindestens so wichtig ist wie IQ.

📖 *„The 5 Dysfunctions of a Team" – Patrick Lencioni*
Ein fesselndes Business-Fable, das aufzeigt, wie du Vertrauen und Zusammenarbeit in Teams aufbaust.

📖 *„Deep Work" – Cal Newport*
Für alle, die trotz Reizüberflutung fokussiert arbeiten und Klarheit gewinnen möchten – auch als Führungskraft.

🎧 **Inspirierende Podcasts für moderne Führungskräfte**

🎙 **„Leadership Neugedacht" (Haufe Akademie)**
Impulse für wirksame, agile und menschenorientierte Führung im Wandel.

🎙 **„Hotel Matze" – Matze Hielscher**
Tiefgründige Gespräche mit Persönlichkeiten aus Wirtschaft, Kultur und Gesellschaft über Haltung, Erfolg und Scheitern.

🎙 **„Der Coach – Führung neu denken"**
Kompakte Episoden über Führung, Klarheit, Kommunikation und den Mensch im Mittelpunkt.

🎙 **„WorkLife" – Adam Grant (Englisch)**
Einblicke in Psychologie, Zusammenarbeit und die Zukunft der Arbeit vom renommierten Organisationspsychologen.

✖ Tools & Apps für den Führungsalltag

📌 **Trello / Notion**
Zur Aufgaben- und Projektorganisation im Team – flexibel, visuell, effizient.

📌 **Slack / MS Teams**
Für strukturierte, moderne Teamkommunikation – auch in hybriden Strukturen.

📌 **Mentimeter / Miro**
Zur kollaborativen Ideensammlung, Meinungsabfragen und Visualisierungen im Team.

📌 **7Mind / Headspace**
Achtsamkeit im Führungsalltag – kurze Übungen für Fokus, Klarheit und mentale Stärke.